Paul Ascherson

Beiträge zur Flora der mittleren und westlichen Nieder-Lausitz

Paul Ascherson

Beiträge zur Flora der mittleren und westlichen Nieder-Lausitz

ISBN/EAN: 9783743363311

Hergestellt in Europa, USA, Kanada, Australien, Japan

Cover: Foto ©ninafisch / pixelio.de

Manufactured and distributed by brebook publishing software
(www.brebook.com)

Paul Ascherson

Beiträge zur Flora der mittleren und westlichen Nieder-Lausitz

Beiträge

zur

ora der mittleren und westlichen Nieder-Lausitz.

Zusammengestellt

von

P. Ascherson.

Berlin, 1879.

Buchdruckerei von Mesch & Lichtenfeld,
Prinzenstrasse 37.

Beiträge

zur

Flora der mittleren und westlichen Nieder-Lausitz

Zusammengestellt

von

P. Ascherson.

Seitdem die Flora der mittleren Nieder-Lausitz von Robert Holla in unseren Verhandlungen (Heft III. IV. (1861. 1862.) S. 39—90) veröffentlicht worden ist, hat die botanische Kenntniss dieses Landestheils manche Bereicherung erfahren. Von den Beobachtern, welche zu dieser grundlegenden Arbeit Beiträge lieferten, fuhren die Herren Seminarlehrer A. Doms in Cöslin, Lehrer Lehmann (jetzt in Berlin), besonders aber Rittergutsbesitzer H. Müller auf Laubst bei Drebkau in den zunächst auf die erwähnte Veröffentlichung folgenden Jahren fort, der Flora ihrer Heimath ihre Aufmerksamkeit zu widmen und theilten mir ihre Beobachtungen mit; letzterer hatte ausserdem die Güte, bei einem Besuche, welchen ich ihm im Juni 1864 machte, mich mit einer Anzahl wichtiger Oertlichkeiten durch seine freundliche Führung bekannt zu machen. In Altdöbern, dem von Holla am sorgfältigsten erforschten Punkte, sorgte der durch Herrn Lehrer Schiementz sen. am dortigen Seminar ertheilte botanische Unterricht dafür, die Traditionen jener Zeit fortzupflanzen; von seinen Schülern verdienen sein Sohn, Herr Seminarlehrer O. Schiementz in Drossen und Herr Lehrer C. Haberland, gebürtig aus Neudöbern, jetzt in Spremberg, besondere Erwähnung; letzterer war so freundlich, mir seine in einer Reihe von Jahren in dortiger Gegend gemachten Beobachtungen, sowie auch seine Wahrnehmungen in der Umgebung seines jetzigen Wohnortes mitzutheilen. Bei Spremberg hat ausserdem in den letzten Jahren Herr L. H. Riese eifrig geforscht und namentlich einzelnen kritischen Gattungen wie *Rosa* und *Salix*[1]) seine Aufmerksamkeit gewidmet. Endlich hatte Herr Arthur Schultz, ein in verschiedenen Gegenden Mittel- und Süd-Europas bewährter Beobachter und erprobter Kenner der einheimischen Flora, kurze Zeit seinen Wohnsitz in Kalau und hat dort, wie auch an seinem jetzigen Wohnorte Finsterwalde,

---

[1]) Vgl. Straehler, Die Weiden Sprembergs. Abhandl. d. Bot. Vereins 1878. S. 1 ff.

unsere Flora durch werthvolle Entdeckungen bereichert; auch er hat einige kritischen Gruppen, besonders *Rubus* und *Rosa*, mit Vorliebe beobachtet. Ich selbst habe, in der Regel von einer grösseren oder geringeren Anzahl Vereinsmitglieder begleitet, während der Jahre 1864 bis 1877 die Umgebungen von Lübbenau, Vetschau, Kotbus, Peltz, Drebkau, Senftenberg und Altdöbern z. Th. wiederholt durchstreift; über einige dieser Ausflüge ist von Herrn A. Treichel und mir in den Verhandl. 1870 S. 110 ff. und 1876 S. XVIII—XXXI berichtet worden. Es scheint nunmehr an der Zeit, das auf diese Art gewonnene Material zusammenzustellen und zu veröffentlichen, sich hierbei aber nicht auf das von Holla angenommene Gebiet zu beschränken, sondern im Norden und Westen noch die Kreise Luckau und Lübben hinzuzunehmen, da das umschriebene Gebiet in mancher Hinsicht, namentlich durch das häufigere Vorkommen mehrerer dort eigentlich a priori nicht zu erwartender, für das Seeklima des nordwestlichen Deutschlands charakteristischer Arten, wie *Drosera intermedia* Hayne, *Illecebrum verticillatum* L., *Erica Tetralix* L., *Rhynchospora fusca* (L.) R. et S. und das alleinige Auftreten von *Myrica Gale* L. und *Scirpus multicaulis* Sm., welche denselben klimatischen Bedingungen entsprechen, sowie durch die so charakteristische Teich-Flora, von der Mark Brandenburg diesseit der Elbe beträchtlich abweicht; freilich gilt dies nicht für die Umgebungen von Liberose, deren Vegetations-Charakter weit mehr ein märkischer als ein lausitzischer zu nennen ist. Indess war gerade für diese, von Herrn A. Busch mit ungemeiner Sorgfalt erforschte Localflora eine vollständige Zusammenstellung besonders wünschenswerth, weil die bezüglichen Beobachtungen bisher in unerfreulicher Weise zersplittert veröffentlicht worden waren[1]), und zwar in den in den Verhandlungen der Jahre 1860, 1861/62 und 1866 enthaltenen Verzeichnissen der für das Vereinsgebiet neu aufgefundenen Fundorte, in denen übrigens auch viele der in dem Holla'schen Gebiet gemachten neuen Funde bereits mitgetheilt sind. Es schien indess zweckmässig, das gesammte, seit dem Erscheinen der Holla'- schen Arbeit gewonnene Material vollständig zusammenzustellen, und hierdurch die hisherigen fragmentarischen Veröffentlichungen (ausser den erwähnten noch einzelne Notizen in den Sitzungsberichten der letzten Jahre[2])) entbehrlich zu machen. Herr A. Busch hatte die grosse Güte, alle seine Beobachtungen bei Liberose für diese Arbeit noch einmal vollständig zu verzeichnen.

Abgesehen von Liberose lagen bis 1870 für die Flora des Kreises Lübben nur die in meiner Flora der Provinz Brandenburg vollständig

---

[1]) In meiner Flora der Provinz Brandenburg sind Herrn Busch's Beobachtungen erst von Bogen 26 an berücksichtigt.

[2]) Z. B. die Beobachtungen von Herrn H. Potonié im Spreewalde (Sitzungsber. 1878 S. 116), welcher mir noch weitere Mittheilungen freundlichst zugehen liess.

mitgetheilten (und hier nicht wiederholten) Beobachtungen des Herrn
E. Fick, jetzt in Hirschberg i. Schl., für die des Kreises Luckau
nur die unseres Ehrenmitgliedes Dr. L. Rabenhorst bei Luckau und
die des verstorbenen Oberlehrers Kretzschmar bei Sonnenwalde vor.
Die 'Forschungen Rabenhorst's datiren aus den 30er und die
Kretzschmar's spätestens aus den 40er Jahren, so dass für dies
Gebiet eine neuerliche Constatirung und Bestätigung der älteren An-
gaben dringend erwünscht war.[1]) Es war mir daher sehr willkommen,
in Herrn Oberlehrer Dr. R. Bohnstedt in Luckau einen eifrigen For-
scher in der dortigen Gegend kennen zu lernen, welche er, von seinem
Collegen Herrn Dr. O. Tschiersch unterstützt, seit einer Reihe von Jahren fleissig durchsucht hat; unter seiner Führung hatte ich das Vergnü-
gen, in den beiden letzten Sommern 1878 und 1879 auch die Luckauer
Gegend zu durchstreifen. Herr F. Matthias hat einige interessante
Mittheilungen aus derselben Gegend gemacht. Endlich schien es zweckmässig, bei dieser Gelegenheit auch eine Anzahl Beobachtungen mit-
.zutheilen, die sich auf das politisch zur Provinz Sachsen gehörige
mittlere Flussgebiet der Schwarzen Elster beziehen, welches ich ja in
seiner rechtsseitigen Hälfte mit zu dem Gebiete der Flora von Brandenburg einbezogen habe. Hieher gehören die Beobachtungen, die Dr. H.
Ilse (jetzt Kaiserl. Oberförster in Lemberg in Lothringen) vor Beginn
des Feldzuges von 1866 in der Gegend von Liebenwerda (z. Th. auch
noch im Luckauer Kreise bei Dobrilugk und Finsterwalde) machte;
ferner die Forschungen des Herrn E. Jacobasch in seiner Heimat,
dem sog. „Ländchen" (vgl. Sitzungsber. 1878 S. 80), welche derselbe
für diese Arbeit mitzutheilen die Güte hatte, und einige Beobachtungen
der Herren A. Treichel und I. Urban bei Gelegenheit einer Excursion
der hiesigen Anthropologischen Gesellschaft bei Herzberg 1876. Aus
diesem Gebiete sind in Zukunft auch werthvolle Beiträge zu erwarten, da
auf dem Seminar in Elsterwerda die Botanik mit Liebe gepflegt wird,
und Pflanzensammlungen vorhanden sind, von denen mir aber bisher nur
der überraschende Fund von *Leucoïum aestivum* L. zugänglich gewor-
den ist. Auch aus der Gegend von Dahme, die sich, obwohl politisch
nicht zur Lausitz gehörig, hier nahe anschliesst, sind, nach den hier
mitgetheilten einzelnen Beobachtungen des Herrn J. Grönland zu
schliessen, noch wichtige Bereicherungen unserer Kenntniss der Zukunft aufbehalten.

Den genannten Herren, welche diese Arbeit in so freundlicher
und uneigennütziger Weise' durch ihre Beiträge förderten, sage ich
meinen herzlichsten Dank!

---

[1]) Dasselbe gilt natürlich für die schon von Holla anf R.'s Autorität allein
angeführten Fundorte. Doch schien es sowohl eine Pflicht der Dankbarkeit als von
historischem Interesse, derartige schon von R. angegebene, neuerdings bestätigte
Fundorte durch Hinzufügung von (R) zu kennzeichnen.

In Folgendem sind die Namen der häufiger vorkommenden Orte und Beobachter abgekürzt, und zwar bedeutet

Fundorte:

A. Altdöbern	Lb. Lübben
Dr. Drebkau	Li. Liberose
G. Grünwalde (bei Mückenberg)	S. Senftenberg
K. Kalau	Sp. Spremberg
Kb. Kotbus	Sw. Sonnenwalde
L. Luckau	V. Vetschau

Beobachter:

B. Busch	M. H. Müller
Bo. Bohnstedt	R. Rabenhorst
D. Doms	Ri. Riese
H. Haberland	S. Realschullehrer Dr. C. Schu-
Ja. Jacobasch	mann in Breslau
L. Lehmann	Tr. Treichel.

! bedeutet, dass mir von dem angeführten Standorte Exemplare vorgelegen haben. !! bedeutet, dass ich die Pflanze selbst beobachtete.

Von Holla nicht aufgeführte Arten und Formen sind durch gesperrte, für das genannte Gebiet der Provinz Brandenburg hier neu aufgefundene Arten durch fette Schrift gekennzeichnet.

Thalictrum flexuosum Bernh. L. Zöllmersdorf am Dorfe Bo.!

T. angustifolium Jacq. L. Waldwiese westl. von Langengrassau 1878!! auf einer Wiese bei Weissagk 1871 H.

T. flavum L. L. Wiesen beim Fresdorfer Borchelt!! zw. Riedebeck und Beesdau!! Lb. Hartmannsdorfer Wiesen!! Pfuhl!! Li. Früher im Busch, jetzt verschwunden B.

Pulsatilla vernalis (L.) Mill. Li. Behlower Heide, Bürgerheide B.! Am 16. Apr. 1863 auch mit gefüllter Blüthe gefunden.

P. pratensis (L.) Mill. Sp. (R.) Georgen-Berg bei Schmidts Berg Ri., H. L. Bei Ziekau häufig Bo.

Anemone nemorosa L. b) *purpurea* Gray. Li. Alte Schloss, Stockshof, Fasanerie B.!

A. ranunculoides L. A. Zwischen Peitzendorf und der A.'schen Ziegelei H. Lb. Pfuhl!! Li. Stockshof B.

Adonis aestivalis L. L. (R.) Bei den Lehmgruben; an der Kalauer Chaussee, Kahnsdorf gegenüber Bo.! Li. Hollbruner Feld B.!

Myosurus minimus L. A. Peitzendorf; Rettchensdorf H. V. Vor Brante-Mühle Tr.! L. Waltersdorf; Riedebeck E. Krause!! Li. Im Busch B.

Ranunculus fluitans Lmk. Spreewald zw. Lübbenau u. Alt-Zauche Potonié.

R. flammula L. b) *gracilis* G.F.W.May. Sp. Heide zw. Bahndorf und Byhlow Ri.!

R. Lingua L. G. An den beiden Seen Ja. A. Neudöbern im Mühl-

teich; Rettchensdorfer Busch in Gräben H. Li. Weidendamm; in
Busch etc. B.

R. lanuginosus L. Li. Stockshof, Fasanerie B.!

R. sardous Crtz. A. Neudöbern im Schlossgarten H.   V. Bei den Reptener Teichen Tr.!! Li. bei Münchhofe B.

R. arvensis L. Bei Finsterwalde gemein, und von dort bis Koselenzin
(jenseit Liebenwerda) beobachtet Ilse. Herzberg Tr.! Kb. Zw.
Werben und Burg!! V. Aecker vor Brante-Mühle!! A. Neudöbern;
Reddern H. Li. häufig im Busch vor Behlow B.

* *Helleborus viridis* L. Dr. Laubst in einem Grasgarten M. A. Neudöbern
im Schlossgarten H.

† *Nigella damascena* L. S. Buchwalde Tr.

† *Aquilegia vulgaris* L. L. Görlsdorf im Schlossgarten B.

Delphinium Consolida L. Sw. Massenhaft H. L. z. B. Kahnsdorf!!
Li. Massenhaft B.

Actaea spicata L. Li. Alte Schloss; Fasanerie B.!

† *Cimicifuga racemosa* (L.) Barton. Ruhland: Erlengebüsch an
der Bleiche von Guteborn M.!

Berberis vulgaris L. L. Schlucht bei Wüstemarke, ein Strauch an-
scheinend wild.!!

Nymphaea alba L. S. Graben zw. Bahnhof u. Stadt Heideprim!! G.
In beiden Seen Ja. Dr. Zw. Kausche und Prožim im Torfstich!!
V. Koswiger Teiche Tr. Lb. Alt-Zauche Potonié. Spree unterhalb
der Stadt!! Li. Behlower Teich; Schneidemühlteiche etc. B.

Nuphar luteum (L.) Sm. S. Gräben zw. Bahnhof u. Stadt Heideprim!! G. In beiden Seen Ja. V. Brante-Mühle Tr. L. Teich bei
Stöberitz H. Lb. Unter-Spreewald!! Li. nicht selten B.

Papaver dubium L. G. Ja.

Corydallis intermedia (L.) P.M.E. L. Gebüsche bei der Drausche-Mühle
E. Krause!! (ohne Zweifel der von Rbh. „bei der Bornsdorfer
wüsten Kirche" angegebene Fundort). Li. Stockshof; Alte Schloss;
am kleinen Behlower Teich B.!

Nasturtium fontanum (Lmk.) Aschs. G. Zerstreut Ja. Li. B.

N. palustre (Leyss.) DC. G. Zerstreut Ja. Sw. Forsthaus Stockhaus!!
Sp. Lästiges Gartenunkraut Ri. Kb. Wilmersdorf!! Lakoma!!
Dr. Am Laub-Teiche bei Laubst!! L. Bornsdorfer Teiche!! Li. B.

Barbarea lyrata (Gil.) Aschs. Kb. Burg von Schulenburg! A. Neudöbern, Schlossgarten, am Mühlteich und auf Aeckern, besonders
im Klee H. Lb. Hartmannsdorfer Wiesen!! Li. nicht selten B.

B. stricta Andrzj. Spreewald zw. Lübbenau und Alt-Zauche Potonié.

Turritis glabra L. A. Neudöbern, am Damme des Winzerteiches H.
L. Park von Fürstl. Drehna!! Lb. Hain!! Li. Alte Schloss B.

Arabis hirsuta (L.) Scop. G. Ja. A. Klein-Jauer auf einem Ackerraine H.

A. arenosa (L.) Scop. G. Ja. Li. Pieskow am Canal B.!

Cardamine parviflora L. Kb. In einem kleinen Teiche bei Lakoma S.!! Peitz: Am nordöstlichen Ufer des Teufels-Teiches L. Li. Hinter dem alten Schlosse 1864 B.!

C. hirsuta L. b) *silvatica* Lk. (als Art). Li. Dietrichsdamm; Stockshof B.!

C. amara L. L. Weissagk am „Neuen Quell" Bo.!! Li. Stockshof B.

C. pratensis L. b) *dentata* Schult. (als Art.) Lb. Hartmannsdorfer Wiesen!!

† *Hesperis matronalis* L. A. Neu-Döbern, Gebüsch im Schloss-garten 1874 H.

Sisymbrium officinale L. b) *liocarpum* DC. Am Schmidts-Teich Matz!!

Alliaria officinalis Andrzj. L. Park in Drehna Bo.!!

* *Brassica nigra* (L.) Koch. Bei G. angebaut Ja.

† *Diplotaxis muralis* (L.) DC. L. Aecker am linken Ufer des Fresdorfer Fliesses unw. der Stadt einmal zahlreich, seit 1872 nicht wieder Bo.!

Berteroa incana (L.) DC. Sp. Erst seit dem Bahnbau von Kb. her eingewandert Ri. L. An der Chaussee nach Riedebeck viel!!

† *Cochlearia Armoracia* L. G. Ja. Lübbenau: In Lehde viel, auch ein Expl. ohne Blattgrün 1876 Tr.

Thlaspi arvense L. G. Ja. L. Hohen-Bucko Mathias.

T. alpestre L. Finsterwalde: Auf einer Wiese in der Stadt zw. dem kurzen und langen Damm auf Rasen-Eisenstein; Grasgärten am langen Damm Arth. Schultz! Vgl. Verhandl. 1877 S. II.

Teesdalea nudicaulis (L.) R.Br. S. Beim Bahnhofe häufig!! am Fusse des Koschenberges Tr. G. Ja. Finsterwalde gemein und ebenso von dort bis Koselenzin Ilse. Herzberg Tr.! Kb. Zw. Gulben und Ruben!! V. Vor Brante-Mühle Tr. L. Ukro!! Li. Gemein B.

† *Lepidium Draba* L. Finsterwalde: Beim Schiesshause schon seit mehreren Jahren Arth. Schultz! Sp. Auf Schuttstellen Ri.

L. campestre (L.) R.Br. L. Am Fresdorfer Borchelt sehr viel (R.) Bo.!!

Coronopus squamatus (Forsk.) Aschs. L. An der Promenade (R.); Sandow Bo.!!

Vogelia panniculata (L.) Horn. G. sehr zerstreut Ja. A. Reddern; bei der Feldschenke; Pritzen H. L. Am Fresdorfer Borchelt!!

† *Isatis tinctoria* L. Sp. Georgen-Berg Ri.!

Helianthemum? Chamaecistus Mill. Kb. Neue Mühle M. K. (R.) Golmitz beim Bahnhofe H.

† *Reseda lutea* L. A. Neudöbern an der Eisenbahn H.

Viola palustris L. G. In den Kutlischen Ja. Sp. Spreewiesen häufig Ri. L. Erlenbruch unter den Höllenbergen E. Krause. Stiebsdorf bei *Myrica Gale* L. Bo.!! Li. Teufelslaug, Kotbuser Laug etc. B.

V. hirta L. L. Westl. von Fresdorf (R.) Bo.! Weinberg bei Fürstl. Drebna!!

V. silvatica Fr. G. Ja. Lb. Pfuhl!! Li. Stockshof B. jedenfalls weiter verbreitet.

    c) *arenaria* DC. (als Art). L. Weissagker Kalkgruben!! Li. Bürgerheide; Eichgarten B.

V. persicifolia Schreb. b) *stagnina* Kit. (als Art). Auf Alluvialboden des Gebiets ziemlich verbreitet. Herzberg Tr.! Dr. Behn-Teich bei Gr.-Döbern L.!! Spreewald südl. von Alt-Zauche 1878 Potonié! L. Wiesen vor Fresdorf; vor Wittmannsdorf (R.) Bo.! diesseit Beesdau östl. von der Strasse sehr viel!! Wiesen beim Fresdorfer Borchelt (R.)!! Lb. Hartmannsdorfer Wiesen!!

Drosera rotundifolia L. S. Sumpf am Koschenberge neben der Strasse nach Lauta P. Magnus!! G. Auf den Torfmooren häufig Ja. Sp. Häufig Ri. Kb. Im ehemaligen Mühlteich bei Gallinchen; an einem kleinen Teiche bei Lakoma S.!! Dr. Zw. Kausche und Prožim M.!! A. Buchwäldchener Teiche Kurtz; Chransdorf; Ranzow; Ogrosen am Schaf-Teich H. K. Moor am östl. Fuss der Freiberge westl. von Ogrosen!! L. An den Bornsdorfer Teichen!! Li. Teufels-Laug; Kotbuser Laug; Mochlitzer Laug etc. B.

D. anglica Huds. Li. Meierei B.!

D. intermedia Hayne. G. Am Grossen See und Schützen-Teich Ja.! Sw. Im Lehmanns-Teich bei Kl.-Krausnigk Bloch!! Schlieben: Buschwiesen bei Nauendorf Matthias. Sp. Häufig Ri. Kb. Im ehemaligen Mühlteich bei Gallinchen S.!! Dr. Zw. Kausche und Prožim M.!! A. Buchwäldchener Teiche Kurtz! Ranzow; Ogrosen am Schaf-Teich H. L. Loch-Mühle bei Hohen-Bucko Matthias; Am Bornsdorfer Grossen-Teich!! Torfstich zw. Beesdau und Stiebsdorf!! am Sand-Teich bei Tugam!! Li. Kotbuser, Teufels- und Mochlitzer Laug B.!

Polygala vulgaris L. S. Wiesen zw. Buchwalde und Gr.-Koschen!! Koschenberg, auch fleischroth blühend!! Dr. Prožim!! G. Häufig!! Die var. *oxyptera* Rchb. am kleinen See Ja. Sw. Fusssteig nach Brenitz!! Herzberg Tr.! L. Drehna'er Weinberg in allen drei Farben blühend!! Li. Behlower Heide, Bürgerheide B.

P. comosa Schk. Dr. Zw. Laubst und Leuthen!! bei A. auf dem Laas 1872 nicht wiedergefunden, vermuthlich durch Urbarmachen der Wiese ausgerottet H. V. Wiese bei der Brante-Mühle!! Bei L. nicht selten; beobachtet vor Wittmansdorf (var. *poecilantha* Blc.) Kurtz! Wiesen vor Beesdau!! Wiesen in der Drehna'er Forst!! Drehna'er Weinberg!! Li. Vor Münchhofe B.

P. amara L. var. *austriaca* Crtz. (als Art.) Finsterwalde: Betten Ilse. Dr. Wiesen bei Laubst M. Li. Der Fasanerie gegenüber B.!

Gypsophila fastigiata L. Li. Am Schwansee E. Wagner!

G. muralis L. S. Aecker beim Bahnhof; Weinberge Tr.!! unter dem Koschenberge an der Strasse nach Lauta!! Dobrilugk: Lindena'er Mühle!! Kb. An einem kleinen Teiche bei Lakoma S.!! L. Bei Ukro viel!! Li. Am Eichgarten B.

Dianthus Armeria L. L. Wall bei Kahnsdorf ziemlich zahlreich (R.)!! Li. Alte Schloss B.

D. Carthusianorum L. S. Weinberge!! G. Zerstreut Ja. Kb. Sand-hügel bei Gallinchen!! L. Drehna'er Weinberg viel!! Li. Häufig, z. B. Eichberg, Börnchen etc. B.

D. superbus L. Kb. An der Chaussee nach! Lakoma links S.!! L. Krautgärten bei Hohen-Bucko Matthias. Li. Viel im Reis bei der Fasanerie B.

† *Saponaria officinalis* L. S. Gärten verwildert Ja. A. Schlossgarten in Neudöbern H. Li. Gärten; Kirchhof; Zaue am Schwieloch-See B.

Viscaria viscosa (Gil.) Aschs. G. Zierpflanze und verwildert Ja. L. Schlucht bei Wüstemarke! Matthias!! Drehna'er Weinberg viel!!

Silene venosa (Gil.) Aschs. S. Weinberge!! G. Häufig Ja. Li. Alte Schloss B.

† *S. conica* L. Li. Am Weinberg B.!

S. nutans L. Herzberg; Falkenberg Urban. Sp. (R.) Georgen-Berg häufig Ri., H. L. Bei den Babbener Steinbrüchen Bo.!! Lb. Pfuhl!! Li. Stockshof; Eichberg; Jamlitz etc. B.

S. chlorantha (Willd.) Ehrh. L. Hinter Gehren Tschiersch! Li. Ab-hang zum Torflaug beim Franzosen-Altar (am 30. Dec. 1865 blü-hend beobachtet) B.!

† *S. gallica* L. a) *silvestris* Schott (als Art). Kb. Gr. Gaglow unter Serradella Koppenz 1863 M. 1864!

† *S. hirsuta* Lag. a) *sabuletorum* Lk. (als Art). Kb. Gr. Gaglow unter Serradella Koppenz 1863! Li. Unter Serradella B.!

† *S. pendula* L. Sw. Forsthaus Stockhaus als Garten-Unkraut!!

Melandryum rubrum (Weigel) Gke. Finsterwalde auf dem alten Kirch-hofe einzeln 1871 H.!

M. noctiflorum (L.) Fr. L. (R.) Aecker an der Promenade nördl. Ruh-mer!! westlich bis zur Golssener Chaussee Bo.! vor Kahnsdorf Troschel!! überzieht die Acker zw. Fresdorf u. Frankendorf Bo.

Spergula vernalis Willd. L. Bei den Babbener Steinbrüchen Bo.!! zw. dem Sandteich u. Gr.-Mehssow E. Krause!! Li. Bürgerheide B.

Spergularia segetalis (L.) Fenzl. L. Hohen-Bucko am Wege nach Prossmarko bei Matthes' Scheune Matthias!

Alsine tenuifolia (L.) Wahlenbg. wurde 1877 vergeblich an dem ange-gebenen Fundorte bei A. gesucht von dem Verf., der sie durch den verstorbenen R. Holla erhielt! dagegen wurde dort

A. viscosa Schreb. von Herrn Schiementz jun. gefunden! Dieselbe findet sich auch V. Aecker nach Repten zu!! L. Ukro viel!! Paserin!!

Sagina nodosa (L.) Fenzl. G. Häufig Ja. Dr. Rohrteich bei Gr.-Dö-
bern!! A. Im Penkan-Teich!! L. Krautgärten bei Hohen-Bucko
Matthias. Bornsdorfer Teiche!! Li. Häufig B.

Moehringia trinervia (L.) Clairv. G. In den Kutlischen Ja. Sw. Am
Lug-Teich!! L. Am Lorenz-Teiche bei Pademagk!! Lb. Pfuhl! !
Li. Stockshof B.

Arenaria serpyllifolia L. var. *leptoclados* Guss. (als Art.) L. Drehna'er
Weinberg!!

Stellularia nemorum L. Sp. Spree-Ufer in den Kuten Ri.! Lb. Im
Hain A. Braun!! Li. Stockshof B.

S. Holostea L. Sp. Am Fusse des Georgen-Bergs in Gebüschen Ri., H.
A. Neudöbern im Schöllnitzer Busch; Schöllnitz; Luckaitz O.
Schiementz, H. Li. Stockshof; Alte Schloss B.

S. glauca With. G. Ja. Herzberg Tr.! Lb. Hartmannsdorfer Wiesen! !
Li. Nicht selten B.

S. uliginosa Murr. Finsterwalde: Betten Ilse. L. Sumpf an der Eisenbahn südl. von Pickel!! Li. z. B. am Börnchen B.

S. crassifolia Ehrh. Li. Hinter dem Alten Schloss; Byhle B.!

Moenchia erecta (L.) Fl.Wett. L. Ukro im lichten Birkenwalde an
der Strasse nach Schlieben Matthias!! Schlucht bei Wüstemarke (R.) Bo.!!

Cerastium glomeratum Thuill. Li. Bei Blasdorf im Busch B.!

Elatine triandra Schk. L. An der Ostseite des Bornsdorfer grossen
Teichs 1878!! Vgl. Sitzungsber. 1878 S. 68.

E. hexandra (Lapierre) DC. L. Mit voriger sparsam Loew!

Radiola multiflora (Lmk.) Aschs. Elsterwerda Ja. Dobrilugk: Bei der
Lindena'er Mühle!! Sw. Brenitz!! Sp. Sandbänke am Spree-
Ufer Ri. Kb. Mühlteich bei Gallinchen S.!! Dr. Zw. Löschen u.
Auras Magnus; Rohrteich bei Gr.-Döbern Magnus!! L. Ukro
viel!! Bornsdorf M.! Li. z. B. Eichgarten B.

Malva Alcea L. Sp. Raine bei Buckow selten Ri. L. Bornsdorf an
der wüsten Kirche Matthias; Drehna'er Weinberg Koehne! !
mit c) *excisa* Rchb. (als Art). Am Fresdorfer Borchelt!! Li.
Alte Schloss; Weinberg B.

M. silvestris L. A. Am Rettchensdorfer Busch H.! L. In den Dörfern
viel!! Li. In Dorfstrassen B.

† *M. crispa* L. Li. Gärten B.

Hypericum tetrapterum Fr. Sw. Brenitz Dumas!! L. Sumpf an der
Eisenbahn südl. von Pickel!! Li. z. B. an der Fasanerie B.

H. humifusum L. S. Aecker; beim Bahnhofe!! unter!! und auf dem
Koschenberge Magnus. G. Aecker am Schützen-Teich und am
Wege bei Grünhaus Ja. Dobrilugk: Beim Bahnhofe und bei der
Lindena'er Mühle!! Sw.; Brenitz!! Kb. Gallinchen!! Dr. Auras
Magnus! V. Zw. Brante-Mühle und den Koswiger Teichen!! L.

Hohen-Bucko M a t t h i a s. Zahlreich zw. Riedebeck, Bornsdorf und Beesdau!! Li. am Wege nach Trebitz B.

H. montanum L. L. An der Chaussee nach Hohen-Bucko beim Neuen Forsthause M a t t h i a s. Li. Gustelsbergchen im Stockshof; Byhle B.!

A c e r P s e u d o p l a t a n u s L. Li. Stockshof B.

A. campestre L. Sw. Am Wall zahlreich (R.)!! ob nur angepflanzt?

† *G e r a n i u m p h a e u m* L. Li. Gärten eingebürgert B.

G. palustre L. Sw. Steig nach Brenitz!! Dr. Schorbus!! Li. Häufig an Gräben B.

G. sanguineum L. Sp. Hügelrain an der Wiesen-Gasse häufig Ri. L. Drehna'er Weinberg (Bergen R.)!! Li. Alte Schloss B.

† *G. pyrenaicum* L. L. Nördlich der Stadt Bo.! Drehna'er Park einzeln Bo.!!

G. columbinum L. L. Drehna'er Weinberg (Bergen R.) K o e h n e!! Li. Alte Schloss B.!

Oxalis Acetosella L. G. Am Alten Teich Ja. Sp. Gebüsche vor Byhle Ri. Dr. Am Fusse der Steinitzer Berge!! K. Tannenbusch bei Gr. Mehssow!! L. Am Fusse der Höllenberge bei Langengrassau!! Weissagk am Neuen Quell!! Lb. Pfuhl!! Li. Stockshof B.

Impatiens Noli tangere L. Ortrand: Im Kro-Busch bei Krausnitz Ja. Sp. Im Dorfe Kantdorf Ri. A. Kasel im Tannenbusch H. L. Beesdau im Erlenbusch westl.!! Bornsdorf M a t t h i a s. Görlsdorf Bo. Li. Stockshof B.

Rhamnus cathartica L. Kb. Burg v o n S c h u l e n b u r g! Li. Alte Schloss B.

† *Ulex europaeus* L. Sp. Pulsberg als Ueberrest früherer Cultur; seit 1874 verschwunden Ri.

Sarothamnus scoparius (L.) Koch. Kb. Zw. Gulben und Ruben!! zw. Ruben und Werben!! Dr. Rakow!! A. Neudöbern; Rettchensdorf häufig H. L. Sehr häufig, z. B. Gr. Schanze!! Ukro!! Wüstemarke sehr viel!! Weissagk!! Li. z. B. Eichgarten; sehr viel zw. Leeskow und Reicherskreuz B.

Genista pilosa L. Sw. Zw. dem Lug- und Lehmanns-Teich bei Klein-Krausnigk!! L. Ukro sehr viel!! Drehna'er Forst u. Weinberg!! Li. Sehr viel, z. B. Eichberg, Behlower Heide B.

G. tinctoria L. Li. Behlower Heide B.

G. germanica L. A. Neudöbern und Forst zw. Rettchensdorf und Chransdorf einzeln H. L. Nicht selten, z. B. Ukro!! Drehna'er Weinberg!! Babbener Steinbrüche!! Li. Behlower Heide B.

Cytisus nigricans L. S. Senftenberger Weinberge!! Paradies Ilse. Sp. Auf einer Lichtung bei Kantdorf Ri. Kb. Neue Mühle M.! K. Golmitz beim Bahnhofe H. Li. Behlower Heide; Meilerberg B.!

† *C. capitatus* Jacq. A. Schlossgarten an der Brücke rechts vom Schlosse H.

Ononis repens L. Ortrand: Frauendorf Ja. A. Bei der Ziegelei H.

Anthyllis Vulneraria L. (Angebaut A.: Peitzendorf H.) L. (R.) Langengrassau M̪atthias. Kahnsdorf H.

† *Medicago sativa* L. A. Weissagk˙H.˙

† *M. media* Pers. Neudöbern einzeln ausgesät H.

M. falcata L. L. Drehna'er Weinberg Troschel! Li. Woltens Berg B.

† *M. truncatula* Gaertn. Sp. Auf Schutt Juli 1876 Ri.!

† *M. arabica* (L.) All. Sp. Auf Schutt Juli 1870 Ri.!

† *M. laciniata* (L.) All. und

† *M. Aschersoniana* Urban. Sp. Vorstadt Sept. 1878, wie die beiden
vorigen mit Wollabfällen eingeschleppt꞊Ri.!

M. minima (L.) Bartal. Sp. (R.) Georgenberg, Abhang nach der
Wiesen-Gasse Ri.!

Melilotus altissimus Thuill. L. Graben der ehemal. Kahnsdorfer Viehweide !!

M. officinalis Desr. G. Zerstreut Ja. A.: Neudöbern; Rettchensdorf
einzeln ausgesät H. Li. Weg nach Münchhofe B.

M. coeruleus (L.) Desr. Sp. In Gärten verschleppt Ri. Li. B.!

Trifolium alpestre L. Sp. Auf Hügelland Ri. L. Wiesen nordöstl. von
Pademagk!! Li. Meilerberg B.

T. medium L. Dr. Teufelsgraben bei Gr.-Döbern!! A. Chransdorfer
Tannenbusch!! L. Ukro am Wege nach den Höllenbergen!! Li.
Eichgarten; bei Goschzschen B.

T. fragiferum L. A. Am Wege nach Neudöbern; Reddern; Kasel;
Goritz H. L. Bornsdorfer Teiche Bo.!! Li. Bei Mischke's Berg B.

T. montanum L. Zw. Finsterwalde und Betten Ilse. Sp. Auf Hügeln
Ri. Zw. Kb. und Brenitz!!! Dr.! Heide bei Golschow!! Gr.-Dö-
bern!! A. Neudöbern im Schlossgarten beim Schaf-Teich H. L.
Waldwiesen bei Fürstl. Drehna!! Drehna'er Weinberg¿viel!!

T. hybridum L. G. Im Schulgarten Ja. Kb. Mühlteich bei Gallinchen!!
L. Wüstemarke an der Chaussee nach der Pechhütte Bo.

T. agrarium L. S. Senftenberger¿Weinberge!!

† *Galega officinalis* L. Sp. In Gärten verwildert Ri.

Astragalus glycyphyllus L. Dr. Auras M.!! Pflanzenberg bei Schorbus
M. A. Neudöbern in der Forst bei der alten Ziegelei an der
Lugkschen Grenze H. Li. Alte Schloss; Meilerberg B.

A. arenarius L. Sp. Hinter der Gasanstalt Ri. Dr. Hinter Golschow
M.!! Zw. Steinitz und Kausche M.!! Zw. Löschen und Auras
L.!! (mit der var. *glabrescens* Rchb. M.)꞊Pflanzenberg bei Schor-
bus L.!! Lb. Beim neuen Kirchhofe Tr.!! Li. Meilerberg; Bürger-
heide hinter dem Turnplatz; Abhang zum Torflaug beim Franzosen-
Altar B.!

Ornithopus perpusillus L. Dr. An der Chaussee jenseit Golschow!!
A. Ogrosen, Weggraben¿Tr.! K. Zw. Missen und den Freibergen!! L. Ukro häufig!! Hohen-Bucko Matthias. An der

Strasse nach Drehna, Wanninchen gegenüber Bo.!! Li. z. B. Eichgarten; Galgenberg B.

Vicia tetrasperma (L.) Mnch. Schlieben: Nauendorf Matthias. A. Reddern bei der Feldschenke H. L. Wüstemarke Matthias. Li. An der Kotbuser Strasse B.

V. cassubica L. S. Senftenberger Weinberge Tr.!! Kb. Neue Mühle M.! L. Drehna'er Weinberg!! Li. Behlower Heide; Stockshof B.

V. villosa Rth. V. Bei den Reptener Teichen Tr. Dahme!!

V. lathyroides L. Sp. Am Georgen-Berg auf der Seite nach Wilhelmsthal hin H. L. Chaussee nach Ukro Bo.! Li. Kirchhof; am Kleinen Behlower Teich B.

Lathyrus tuberosus L. L. (R.) Hohen-Bucko Matthias. Südöstl. von Kahnsdorf Bo.!

L. silvester L. A. Neudöbern bei der alten Ziegelei an der Lugkschen Grenze H. Li. Bürgerheide (mit var. *ensifolius* Buck); Behlower Heide B.!

L. paluster L. Lb. Freiwalde, Wiesen an der Chaussee!!

L. vernus (L.) Bernh. Lb. Pfuhl!! Li. Stockshof B.!

L. montanus Bernh. L. Ukro!! Drehna'er Weinberg!! Li. Stockshof; Behlower Heide B.

Prunus spinosa L. G. Am Alten Teich Ja. Peitz: Damm zw. der Maust-Mühle und Lakoma!! L. Schlucht bei Wüstemarke!! Drehna bei der wüsten Kirche und am Weinberge!! Li. Behlower Berg; Alte Schloss B.

P. avium L. Li. Stockshof; Fasanerie (Waldbaum) B.

P. Padus L. G. In den Kutlischen Ja. Li. Stockshof; Fasanerie sehr viel B.!

Ulmaria Filipendula (L.) A.Br. S. (R.) Senftenberger Weinberge!! L. Weissagk H. Drehna'er Weinberg!! Li. Pinnower Heide B.

Geum urbanum × *rivale*. Lb. Im grossen Hain A. Braun!! Li. Alte Schloss B.

Rubus saxatilis L. G. In den Kutlischen Ja. L. Wiesen vor Wittmannsdorf (R.) an einer Stelle sehr zahlreich Bo.! Erlenbruch westl. von Beesdau E. Krause!!

R. Idaeus L. var. *viridis* A.Br.[1]) Lb. Potonié!

R. suberectus Anders. L. Höllenberge bei Langengrassau E. Krause.

R. amygdalanthus Focke. Finsterwalde: Heide-Mühle Arthur Schultz!

R. badius Focke. Finsterwalde: Nach der Heide-Mühle hin Arth. Schultz!

R. Koehleri W. et N. Dobrilugk: Lindena'er Mühle Arth. Schultz!!

R. Koehleri × *Schleicheri*. Finsterwalde: Heinrichsruh Arth. Schultz!

---

[1]) Die hier angeführten Arten sind von Herrn Dr. W. O. Focke revidirt worden.

R. myriacanthus Focke. ? L. Ukro E. Krause.

Fragaria moschata Duchne. L. Gebüsch an der Ostseite des Drehna'er Weinberges, vielleicht wild!! Li. Stockshof, Fasanerie B.

Comarum palustre L. S. Gräben zw. der Stadt und dem Bahnhof Magnus!! G. Häufig Ja. Dobrilugk: Hammer-Teich!! Kb. Gallinchen!! an der Chaussee nach Peitz links!! V. Koswiger Teiche Tr. L. Bornsdorfer Teiche!! Li. nicht selten B.

Potentilla supina L. Sp. Jessen Ri. L. Hohen-Bucko beim Gasthof zur Kaiserkrone Matthias.

P. norvegica L. S. Nach Paradies hin Ilse! Sw. Im Garten des Forsthauses Stockhaus bei Kl.-Krausnigk ein grosses Expl. 1878 Dumas!! Sp. Schleife Gürke. Kb. in kleinen Teichen bei Lakoma S.!! Wilmersdorf 1870!! Dr. Rohrteich bei Gr.-Döbern 1864 M.!! A. Teiche bei Muckwar 1877 Kurtz. Lübbenau: Zw. Lehde und Leipe Loew. L. Bornsdorfer Grosse Teich (R.)!! Erlenbruch westl. von Beesdau E. Krause!! Li. Meierei-Teich B.

P. rupestris L. L. Schlucht bei Wüstemarke Matthias!! Drehna (Grassma|nn) am Weinberge Bo.!! an beiden Stellen ziemlich sparsam.

†*P. recta* L. A. Neudöbern im Schlossgarten 1872 und 1873, spärlich H.

P. procumbens Sibth. S. Prožim!! Kb. Burg, zw. der Mühle und Pank's Gasthof!! L. Drehna'er Weinberg Koehne!! Li. Häufig; Bürgerheide (Hollbrunner Ecke Dubbrau); Meierei-See; Byhle; Mochlitzer und Fleischerlaug B.! Zw. Friedland und Beeskow B.

P. minor Gil. Sp. Sellessen Ri. K. Forst zw. Gollmitz und Gosda H. L. Grosse Schanze R. Holla! Bo.! Weissagker Kalkgruben; Babben Bo.!! Li. Hinter dem Eichberg; Mochlitzer Mühle B.

P. opaca auct. L. Hohen-Bucko Matthias. Weissagk (R.) bei den Kalkgruben E. Krause!! Drehna'er Weinberge!! Li. Stockshof B.

P. alba L. L. Ukro unweit des *Moenchia*-Standortes Bo.!

Alchimilla vulgaris L. Zw. Mückenberg und Bockwitz Ja. A. Rettchensdorf; Schöllnitz H. L. Drausche-Mühle Tschiersch; Fürstl. Drehna Pohle!! Fresdorf, westl. am Dorfe Bo.! Li. Häufig, z. B.: In Gärten im Gander; Schlossgarten; Mischke's Berg; Kalk-Ablage im Stockshof B.!

A. arvensis (L.) Scop. G. Naundorf Ja. Dobrilugk: Lindena'er Mühle!! Zw. Dr. und Golschow!! Auras Magnus!! V. Bei den Reptener Teichen Tr.; zw. Missen und den Freibergen!! L. Ukro!! Li. bei Hollbrunn; Dubbrau B.

Sanguisorba officinalis L. S. Bei Gosda Ri.

S. minor Scop. Kb. Sergen M. L. Park von Fürstl. Drehna auf den Rasenplätzen eingeschleppt Bo!!

Agrimonia Eupatoria L. G. Dorfstrasse viel Ja. Sw. Bloch! Kb.

Kl.-Döbern Heideprim!! A. Neudöbern im Schlossgarten H.
Am Wege nach Buchwäldchen zahlreich mit fasciirtem Blüthen-
stande 1877 Kurtz und Matz! Li. Häufig B.

A. odorata Mill. Zeigt auch hier, wie in Schlesien, die bemerkenswerthe
Vorliebe für Teichdämme, da sich die beiden im Gebiet bekannten
Fundorte an solchen befinden. Kb. Zw. Lakoma und der Maust-
Mühle!! L. Bornsdorfer Teiche Ruhmer!!

† *Rosa lutea* Mill.[1]) Sp. Aus Gärten verwildert Ri.

† *Rosa cinnamomea* L. Gebüsche bei Lauchhammer Ja.!

* *R. lucida* Ehrh. Sp. In einer Hecke hinter Malades Fabrik Ri.

† *R. spinosissima* L. (*R. pimpinellifolia* DC.) Sp. Wie vor. Ri.

† *R. pomifera* Herm. Sp. Georgen-Berg und benachbarte Hügel;
Roitz Ri.

R. tomentosa Sm. G. Bärhäuser Ja. Dr. Am Teufelsgraben bei Gr.-
Döbern!! V. Brante-Mühle Tr. Li. B.

R. cuspidata M.B. Sp. v. Uechtritz (im Jahresber. der schles.
Gesellschaft 1875 S. 127): Georgen-Berg und benachbarte Hügel; Roitz Ri.

R. inodora Fr. K. Werchow Arth. Schultz.

R. rubiginosa L. G. Bärhäuser Ja. Li. Unweit der Radusch-Brücke B.

R. canina L. f. *vulgaris* Christ, f. *biserrata* Baker und f. *dumalis*
(Bechst.) Sp. Georgen-Berg; Roitz Ri.

R. glauca Vill. (*R. Reuteri* Godet) nebst f. *complicata* Christ,
Sp. Georgen-Berg; Roitz Ri.

* *R. rubrifolia* Vill. Sp. Anlagen Ri.

R. dumetorum Thuill. Sp. Georgen-Berg; Roitz Ri.

R. coriifolia Fr. Finsterwalde häufig Arth. Schultz.

R. gallica L. f. *elata* Ehrh. Sp. Georgen-Berg; Roitz Ri.

R. gallica × *canina dumalis.* Sp. Georgen-Berg Ri.

Crataegus Oxyacantha L. L. Schlucht bei Wüstemarke zahlreich!! Li. B.

C. monogyna Jacq. Dr. Steinitzer Berge!! L. Schlucht bei Wüstemarke viel!! Drehna'er Weinberg!! Li. B.

† *Cydonia vulgaris* Willd. Im Gebiet mehrfach in einzelnen Exempla-
ren verwildert. S. Senftenberger Weinberge Tr.!! G. Bei der
Oberförsterei Grünhaus Ja. L. Drehna'er Weinberg!!

Pirus communis L. und

P. Malus L. G. In Gärten und auf Feldern in verschiedenen wilden
oder verwilderten Formen Ja.

Epilobium spicatum Lmk. G. Auf alten Kohlenbrennerstätten häufig,
daher „Köhlerblume" genannt Ja. Kb. Madlow Wenzig. Sp. (R.)
Selten und einzeln Ri. A. Neudöbern; Rettchensdorf im Busch H.

---

[1]) Die von Herrn L. H. Riese bei Sp. gesammelten Rosen sind von Herrn R.
v. Uechtritz bestimmt worden.

L. An der Eisenbahn westl. von Langengrassau!! Li. Stockshof ;
Chaussee nach Beeskow B.

E. hirsutum L. ex p. A. Am Mühlengraben zw. dem Salz-Teich und
Neudöbern H.!

E. montanum L. A. Neudöbern im Schlossgarten H. Li. Alte Schloss;
Fasanerie B.

E. tetragonum L.! (= *E. roseum* [Schreb.] Retz.) L. Sumpf an der
Eisenbahn südl. von Pickel!!

E. adnatum Gris. (= *E. tetragonum* auct.)   L. (R.) An der Beke zw.
der Golssener Chaussee und Zöllmersdorf Bo.! Li. Meierei B.

E. obscurum (Schreb.!) Rchb. (= *E. virgatum* und *E. chordorrhizum* Fr.)
L. Ukro an einem Quellgraben nach den Höllenbergen hin!! Li.
Zw. dem Börnchen und dem Eichberg B.!

† *Oenothera biennis* L. S. Weinberge!! G. Heide-Mühle Ja. Kb. Gr.-
Osnik M a g n u s. A. Neudöbern im Schlossgarten; am Wege nach
Reddern H. Li. z. B. Kirchhof, am weissen Berg B.

Circaea lutetiana L. Sp. Kantdorf am Dorfbache und an Zäunen Ri.

C. alpina L. Mückenberg: Bockwitz M.; in den Kutlischen bei G. Ja.
Sw. An der Westseite des Lug-Teiches bei Klein-Krausnigk
(K r e t z s c h m a r) D u m a s!! L. Erlenbruch am Fusse der Höllen-
berge bei Langengrassau (R.) Bo.!! Bornsdorf M a t t h i a s. Li.
Stockshof; Byhle B.!

Trapa natans L. Mückenberg (S c h a c h t): Dorfteich bei Bockwitz M.
Im Grossen, Kleinen und Naundorfer See bei G. Ja.!

Myriophyllum spicatum L. Kb. (R.) In der Spree!!

Hippuris vulgaris L. L. Kahnsdorf Bo.!

Callitriche stagnalis Scop. Sp. Gräben bei Trattendorf und auf den
Slamener Wiesen Ri. L. Quellgraben bei der Weissagker kleinen
Mühle!! Li. B.

Ceratophyllum demersum L. Ruhland: An der Satz-Mühle M. Li. In
Teichen häufig; auch im Fliess B.

Lythrum Hyssopifolia L. Ortrand: Frauendorf in der Dorfstrasse
(Stengel bis 0,18 m lang) Ja.! G. An der Kaltzschke Ja. Finsterwalde: Göllnitz H. Sw. Gosmar H. Kb. An einem kleinen
Teiche bei Lakoma S.!! A. Neudöbern in der Dorfstrasse; Pritzen
auf der Westseite H. L. Lebuse M a t t h i a s. Am Bornsdorfer
grossen Teich 1878 sehr viel!! Lb. Aecker am linken Ufer der
Spree, Hartmannsdorf gegenüber L e n z!

Peplis Portula L. S. Gräben der Strasse vor Buchwalde; am Fusse
des Koschenberges M a g n u s!! G. Sandlöcher beim Kirchhofe Ja.!
Kb. Gallinchen im *Isnardia*-Graben H e i d e p r i m!! An einem kleinen Teiche bei Lakoma!! Wilmersdorf!! Peitz: An der Nordostseite des Teufels-Teichs 1864 L.! L. Pieselskeute beim Neuen

Forsthause in der Rochauer Heide Matthias. Am Bornsdorfer grossen Teich!!

Bryonia alba L. L. Riedebeck Matz!!

† *Sicyus angulatus* L. Sp. In der Nähe von Gärten vereinzelt Ri.

† *Portulaca oleracea* L. Sw. Forsthaus Stockhaus bei Kl.-Krausnigk als Garten-Unkraut!! A. Auch jetzt noch lästiges Unkraut in vielen Gärten, z. B. Schloss-, Seminargarten, Apotheke; Kieswege im Schlossgarten zu Neudöbern H. Li. Verwildert im Schlossgarten B.

Montia minor Gmel. Finsterwalde: Betten Ilse. L. Zw. Schollen und Giesmannsdorf Bo.! Zw. Riedebeck und Grünswalde Tschiersch; zw. Riedebeck und Bornsdorf E. Krause!!

Corrigiola litoralis L. Ruhland: Guteborn M.! Kb. Aecker bei Gallinchen!! Sergen M. An einem kleinen Teiche bei Lakoma!! Peitz L. Dr. Schorbus am Chausseedamme nach Klein-Osnik L. A. Liptener Heide-Schenke H. Li. Am Ufer des Schwieloch-Sees bei Pieskow B.!

Illecebrum verticillatum L. S. Aecker zw. dem Bahnhof und den Weinbergen Tr.! An der Strasse nach Lauta unter dem Koschenberge!! Ruhland: Hosena; Hohen-Bocka; Guteborn M. G. Lästiges Unkraut auf Aeckern am Kleinen See, am Moder-Teiche, im Jamen etc. Ja. Finsterwalde: Hennersdorfer Berg Arth. Schultz! Dobrilugk: Bei der Lindena'er Mühle!! Sw. Aecker bei Brenitz häufig!! Herzberg: Nach Kl.-Ressen hin Urban! Sp. Zw. Lieskau und Schleife; Bloischdorf am Windmühlenberg; Reuthener Park Gürke. Kb. Gallinchen!! An einem kleinen Teiche bei Lakoma S.!! Dr. Lindchen M., Jahn! A. Jenseit der Heide-Schenke am Wege nach Lipten H. Ackerraine beim und Sand-Ufer des Muckwarer Teichs Kurtz! L. Wüstemarke südwestlich vom Dorfe Bo.; zw. Wittmannsdorf und Beesdau Tschiersch; am Bornsdorfer Grossen Teiche (R.) Dumas! Zw. Riedebeck und Beesdau viel!! Kahnsdorf an der Grenze gegen Altenow zahlreich Bo. Lb. Aecker am linken Ufer der Spree, Hartmannsdorf gegenüber, spärlich!! Li. Dubberau; Leeskow B.! Friedland B.!

Sedum maximum Sat. G. Forsthaus Zollhaus Ja. Dobrilugk: Lindena'er Mühle Arth. Schultz. Sp. Georgen-Berg H.! Kb. Brenitz im Park H.! A. Neudöbern H.! Li. Eichberg; Mausoleum B.

S. villosum L. Sp. Spreewiesen bei Trattendorf Ri. Li. Wiesen bei der Fasanerie; Byhle B.!

† *Ribes Grossularia* L. G. In den Kutlischen, der Koyne und der Weltze Ja. Li. Alte Schloss B.

R. rubrum L. Li. Stockshof; Fasanerie B.

R. nigrum L. G. Wie vorige Ja. Lb. Schlepzig!!

Saxifraga Hirculus L. Li. Gustelsberg; im Stockshof; Fasanerie B.

S. tridactylitis L. Dr. Schorbuser Aecker L. A. Neudöbern, auf
Aeckern am Mühlteich und am Laas bei den Eichen; Gross-
Jauer H. Li. Vor der Behlower Heide; nach Blasdorf hin B.

Chrysosplenium alternifolium L. L. Drausche-Mühle!! in Bornsdorf
weite Stecken überziehend!! Li. Stockshof; kleine Behlower Teich B.

Sanicula europaea L. Li. Alte Schloss B.!

Astrantia major L. ist an dem angegebenen Fundorte bei Dr., wo sie
mir 1864 von M. gezeigt wurde, 1877 nicht mehr zu finden (O.
Schiementz jun.).

Eryngium campestre L. Kb. Sergen M.

Cicuta virosa L. Kb. Gallinchen am ehemal. Mühl-Teich!! Peitz häufig!! Lb. An der Spree unterhalb der Stadt!! Li. häufig, z. B.
Weidendamm; am Fliess B.

Pimpinella magna L. Sw. Am Steig nach Brenitz!! Sp. Gehölz bei
Roitz Ri. L. Kahnsdorf am Wall Bo.; Fürstl. Drehna auf Wiesen!!
Weinberg Bo. Li. Behlow; Gustelsberg B.!

Sium latifolium L. G. Am kleinen See häufig Ja. Kb. Burg v. Schulenburg! Zw. Peitz und Lakoma S.! A. Reddern; Peitzendorf H.
Li. Pieskow B. L. Bornsdorfer Teiche!!

Oenanthe. fistulosa L. Sp. Bei Trattendorf häufig Ri. Lb. Unter-Spreewald!! Li. Zerstreut B.

O. aquatica (L.) Lmk. Sp. Spreeufer vereinzelt Ri. Zw. Peitz und
Lakoma!! A. Peitzendorf!! L. Bornsdorfer Grosse Teich!! Lb.
Spree unterhalb der Stadt!! Li. Stockshof B.

Seseli annuum L. L. An der Chaussee nach Zöllmersdorf; an einem
Grabenrande bei Kahnsdorf unweit der Chaussee nach Kalau Bo.!

Cnidium venosum (Hoffm.) Koch. Herzberg: Falkenberg Urban!

Silaus pratensis (Lmk.) Bess. Sw. Am Steig nach Brenitz unweit
des Neuen Vorwerks!! L. Wiesen nördl. der Stadt Bo.!! bei
Kahnsdorf häufig (R.)!! Borcheltwiesen bei Fresdorf!!

Selinum Carvifolia L. Sw. Am Steig nach Brenitz!! Dr. Pflanzenberg
bei Schorbus!! L. Wiesen am Gossmarschen Fliess Bo.; vor Kahnsdorf!! Drehna'er Weinberg!! Li. Stockshof B.

† *Archangelica sativa* (Mill.) Bess. Sp. Slamen und Trattendorf in
Grasgärten Ri. Gärten in Li. B.

Peucedanum Cervaria (L.) Cuss. L. Drehna'er Weinberg!! Li. Gustelsberg im Stockshof; hinter dem Eichberge B.!

P. Oreoselinum (L.) Mnch. S. Senftenberger Weinberge!! Dr. Pflanzenberg bei Schorbus!! L. Drehna'er Weinberg!! Li. häufig, z. B.
Stockshof, Eichberg, Weinberg B.

P. palustre (L.) Mnch. S. Magnus!! Sw. An den Teichen bei Brenitz!!
Sp. Spreewiesen Ri.! Kb. Burg v. Schulenburg! Peitz!! L. Bornsdorfer Teiche!! Wiesen bei Fürstl. Drehna!! Li. Stockshof B.

† *Heracleum persicum* Desf. Li. Bei der Fasanerie B.

Laserpicium prutenicum L. L. Ukro an der Strasse nach der Pechhütte jenseits des *Moenchia*-Standortes Bo. und Grönland! Drehna'er Weinberg (Bergen R.) Ruhmer!! Li. Gustelsberg im Stockshof B.!

Chaerophyllum Anthriscus (L.) Crtz. V. Missen Tr. L. Beesdau Bo.!! Fürstl. Drehna!!

Myrrhis bulbosa (L.) Spr. Dahme: Stations-Garten Grönland!!

Conium maculatum L. Kb. Wilmersdorf!! Peitz: Am Teufels-Teich!! Li. Schlosshof B.

Hedera Helix L. G. Im Walde neben dem Wildpretwies'chen Ja. Li. Stockshof; Fasanerie B.

Cornus sanguinea L. Dr. Leuthen!! Schorbus!! Li. Stockshof; Fasanerie B.

† *C. stolonifera* Michx. Kb. Burg v. Schulenburg! Zw. Lübbenau, Lehde und Leipe Graf H. von Solms-Laubach. L. Fürstl. Drehna am Sägemühl-Teich!! Li. Schlossgarten B.

Viscum album L. S. Schloss (auf Schwarzpappeln); Niemitsch (Weiden); Lipitzer Busch (Birken und Erlen) M. G. Wald sparsam Ja. Schlieben: Naundorf (Kiefern) Matthias. Sp. Selten. Ri. L. Gahro'er Buchheide (Kiefern) E. Krause!! Li. Bürgerheide (Kiefern) B.

Adoxa Moschatellina L. A. Neudöbern am und im Schlossgarten H. L. An der Beke zw. der Golssener Chaussee und Zöllmersdorf Bo. Li. Stockshof; alte Schloss; am Kleinen Behlower Teiche B.

Sambucus racemosa L. Ruhland: Guteborn im Rohacz M. G. In der Koyne und anderwärts zerstreut Ja.

Viburnum Opulus L. G. z. B. Am Mühlgraben hinter den Gärten Ja. Kb. Gallinchen!! Dr. Schorbus!! A. Neudöbern; Rettchensdorfer Busch H. Lb. Unter-Spreewald!! Li. Stockshof B.

Lonicera Periclymenum L. L. Drehna'er Weinberg Koehne!

Sherardia arvensis L. Kb. Zw. Gr.-Osnik und Kl.-Döbern Magnus!! A. Neudöbern auf Aeckern am Wege nach Göllnitz, besonders an der Bahnstrecke in Unmenge; Ranzow; Reddern bei der Feld-Schenke; Pritzen sehr viel H. L. Aecker und Gärten im Norden und Osten der Stadt, (am häufigsten bei Kahnsdorf Bo.!!) bis Görlsdorf Bo.; Drehna'er Weinberg!! Li. Bei Münchhofe B.

Asperula cynanchica L. (Zw. Liebenwerda und Burxdorf Ja.)

A. odorata L. Im Rettchensdorfer Busch bei A. neuerdings (wohl wegen zu eifriger Nachstellungen) nicht mehr gefunden H. Li. Stockshof; Byhle B.

Galium Aparine L. c) *spurium* L. (als Art). Li. Unter Lein nicht selten B.!

Galium palustre L. mit „Zwangsdrehung" des Stengels. V. Tr.! (vgl. Sitzungsber. 1876. S. XXIX).

G. boreale L. G. Ja. L. Drehna'er Weinberg Bo.

G. rotundijolium L. L. Rochauer Heide (R.) Vor dem Neuen Forsthause unter Eichen Matthias.

G. silvaticum L. Li. Gustelsberg im Stockshof B.

† *G. silvestre* Poll. L. Park von Fürstl. Drchna auf Rasenplätzen eingeschleppt!!

Valeriana officinalis L. Sw. Steig nach Brenitz!! Kb. Burg!! L. An
den Bornsdorfer Teichen!! Li. In der Tränke; Fasanerie; bei
Münchhofe etc. B.

Dipsacus silvester Mill. L. (R.) Kahnsdorf!! Frankendorf!!

† *D. fullonum* (L.) Mill. Sp. Auf Schutt bei den Tuchfabriken Ri.

Scabiosa Columbaria L. Sp. (R.) Schmidts Berg in der Bergstrasse Ri.
A. Peitzendorf!! L. Drehna'er Weinberg!! Li. Stockshof; Behlower Heide B.

S. suaveolens Desf. S. Wald am Fusse der Senftenberger Weinberge!!
L. Gehren (R.) ziemlich verbreitet Bo.! Li. Raduschberg B.

Eupatorium cannabinum L. Sw. Brenitz!! Sp. Trattendorf Ri. Kb.
Burg v. Schulenburg! zw. Lakoma und der Maust-Mühle S.!
A. Neudöbern im und am Schlossgarten; Rettchensdorf H. Li.
Stockshof B.

Tussilago Farfarus L. Dr. Laubst!! A. Neudöbern im Torfstich beim
Försterhaus; in einem Graben beim Laas viel H. Li. Weg nach
Münchhofe; Ziegelei B.

Petasites officinalis Mnch. Sw. Schlossgarten angepflanzt!! Li. Gärten
früher bei Behlow, jetzt verschwunden B.

† *Aster Novi Belgii* L. und

† *A. leucanthemus* Desf. Kb. Im herrschaftl. Garten zu Gr.-Osnik!!

† *Stenactis annua* (L.) Nees. L. Hinter Winzerlings Ziegelei (unw.
der Chaussee nach Langengrassau) Bo.!

Erigeron acer L. S. Koschenberg Tr.! G. Ja. A. Neudöbern; Rettchensdorf; Reddern H. V. Zw. Repten und Missen Tr. L. Drehna'er
Weinberg!! Li. z. B. Galgenberg B.

   b) *droebachiensis* O.F.Müll. (als Art). Dr. Zw. Löschen und
   Auras M.! L. Rochauer Heide an der Chaussee nach Hohen-
   Bucko bis jenseit des Neuen Forsthauses Matthias.

Solidago Virga aurea L. S. Senftenberger Weinberge häufig!! G. Heide-
Mühle Ja. Kb. Lakoma!! L. Drehna'er Weinberg!! Lb. Pfuhl!!
Li. Stockshof; Behlower Heide B.

S. serotina Ait. Kb. Burg v. Schulenburg! In A.; Neudöbern
im Schlossgarten H.

† *Inula Helenium* L. S. Gärten in Gosda Ri. In einem Garten in
Mückenberg Ja.

I. salicina [L. L. Hinterbusch bei Görlsdorf Bo. Drehna'er Weinberg
1864!! (1878 nicht bemerkt).

1. Britannica L. G. Ja. Sp. Auf Wiesen nicht häufig Ri. Kb. Kl.-
   Döbern Tr.! Burg v. Schulenburg! Dr. Rohr-Teich bei Gross-
   Döbern!! A. Ogrosen; Peitzendorf am Waldrande H. L. Kahns-
   dorf!! Borchelt bei Fresdorf!! Li. Zauc am Schwielochsee B.
   b) *Oetteliana* Rch. (als Art). Li. Chaussee am Fleischer-Lang
   (jetzt verschwunden) B.
Pulicaria prostrata (Gil.) Aschs. S. Buchwalde Magnus!! Ortrand:
   Frauendorf Ja. Sw. Brenitz!! Sp. Jessen Ri. L. Sumpf bei
   Pickel!! Wüstemarke; Hohen-Bucko Matthias. Bornsdorf
   Tschiersch; Kahnsdorf!!
† *Ambrosia artemisiifolia* L. A. und Neudöbern im Klee 1873
   und 1874 H.! V. Nach dem Spreewalde hin 1875 Loew!
Xanthium strumarium L. Peitz: Maust-Mühle!! L. Kahnsdorf!! Li.
   Badergasse früher B.
† *X. spinosum* L. Sp. (Jaenicke.) Auch noch 1879 einzeln auf
   Wiesen, mit Wollabfällen eingeschleppt H.
† *Rudbeckia laciniata* L. Sp. An der Spree gegen Wilhelmsthal H.
   Ri. Kantdorf an Gräben Ri. A. Neudöbern, Schlossgarten beim
   Treibhause H. L. Beke zw. der Golssener Chaussee und Zöllmers-
   dorf Bo. Li. Fliess hinter Mathows Garten B.
† *Helianthus tuberosus* L. Kb. Kl.-Döbern bei einem Backofen Magnus!!
Bidens cernuus L. b) *radiatus* DC. Kb. Gallinchen, am *Isnardia*-
   Graben!!
† *Galinsoga parviflora* Cav. G. Ja. Kb. (R.) Beim Bahnhof!! Klein-
   Döbern!! Wilmersdorf S.!! Peitz!! A. Neudöbern; Schöllnitz;
   Reddern; Peitzendorf; Pritzen H. V. Am Wege nach Repten!!
   L. An der Promenade (R.)!! Lb. Krimnitz Lucas. Li. Kirch-
   hof in Zaue B.
Filago germanica L. b) *canescens* Jord. (als Art). Dr. Laubst M.!
F. arvensis L. Sp. Ri.
Gnaphalium silvaticum L. G. Zerstreut Ja. A. Neudöbern hinten im
   Park H. Li. Meilerberg B.
G. luteo-album L. S. Aecker beim Bahnhof Tr. Dobrilugk: Beim
   Bahnhofe und bei der Lindena'er Mühle!! Kb. An der Spree bei
   Gallinchen Tr.! Lakoma!! Wilmersdorf!! Dr. Rohrteich bei Gr.-
   Döbern!! A. Neudöbern; Rettchensdorfer Busch; Reddern am
   Damm des Schlossgartens H. V. Zw. dem Bahnhof und der Stra-
   dower Mühle ganze Aecker überziehend!! L. Am Bornsdorfer Gr.
   Teiche!! Li. Im Grossen Behlower Teich B.
† *Artemisia Absinthium* L. S. Buchwalde!! Prožim!! G. Walke;
   Bockwitz Ja. A. Beim sog. Schiesshause; Muckwar H. V. Repten
   Tr. Stradow viel!! L. Paserin viel!! Kahnsdorf!! Fürstl. Drehna!!
   Lb. Krug bei Freiwalde an der Chausse!! Li. Dorfstrassen B.
Achillea Ptarmica L. S. Wiesen zw. Buchwalde und Gr.-Koschen!!

Sw. Steig nach Brenitz!!   An den Teichen bei Kl.-Krausnigk!!
Kb. Gallinchen!!   L. Bornsdorfer Teiche!!   Li. Gärten; Eichberg B.

Anthemis tinctoria L.   S. Senftenberger Weinberge Tr.!!   Sp. Bahnhof;
auch var. *discoidea* All. Ri.

A. Cotula L.   Kb. Wilmersdorf!!   V. Am Wege nach Repten!!   L.
Kahnsdorf!!   Beesdau!!   Li. Jamlitz B.

† *A. mixta* L.   Kb. Gr.-Gaglow unter Serradella 1864 M.!

Chrysanthemum vulgare (L.) Bernh. (= *Tanacetum vulgare* L.) Mückenberg an der Hammer-Graben-Brücke Ja.   Dobrilugk: An der
Chaussee nach dem Bahnhofe!!   Kb. An der Chaussee nach Peitz!!
und vor Madlow!!   Werben!!   Burg!!   Dr. Löschen M.   A. Neudöbern; Muckwar; Ranzow; Reddern H.   Li. Ziegelei; Zaue am
Schwielochsee B.

† *C. Parthenium* (L.) Bernh.   Dr. Kausche M.!!   L. Beesdau Bo.!!

C. Chamomilla (L.) Bernh.   Dobrilugk!!   Sw.!!   V. Aecker vor Repten!!

C. inodorum B.   S. Senftenberger Weinberge; Buchwalde Tr.!!   G. Ja.
Kb. Burg v. Schulenburg!!   Dr. Auras unter Serradella Tr.!
A.!!   Neue Baumschule O. Schiementz.   Li. B.

† *C. segetum* L.   Kb. Gr.-Gaglow unter Serradella 1864 M.!

Arnica montana L.   S. Zw. Buchwalde und Gross-Koschen häufig!!
Prożim M.!!   Gosda M.!   G. Auf allen Torfmooren massenhaft,
sogar auf einer alten Köhlerstätte im Bauergehölz neben dem
Quellgraben mit *Fragaria vesca* L. und *Vaccinium Myrtillus* L. Ja.
Finsterwalde und von dort bis Koselenzin mehrfach Ilse.   Sp.
Roitz; Trattendorf Ri.   Slamen in einigen Bergschluchten H.   A.
Moor am östl. Fusse der Freiberge westl. von Ogrosen Kurtz!!
L. Lebuse Matthias.

Senecio viscosus L.   S. Koschenberg in den Steinbrüchen massenhaft
und mit den Steinen auf die umliegenden Strassen verschleppt!!
G. Ja.   Sw. Forsthaus Stockhaus Dumas!!   Sp. An der Pumpe
und Teschnitz Ri.   Peitz: Maust-Mühle häufig!!   Li. Bürgerheide B.

S. silvaticus L.   S. Koschenberg Tr!!   G. Ja.   Sw. Am Lug-Teich!!
Herzberg Tr.   Sp. Mit der vorigen Art Ri.   A. Muckwar!!   L.
Westl. von Langengrassau!!   Babben!!   Li. Meilerberg B.

S. vernalis W.K. scheint im grössten Theile des Gebietes erst vereinzelt und in der neuesten Zeit aufzutreten; seit längeren Jahren
und völlig eingebürgert finde ich ihn nur bei Li. von B.! angege-
ben, einer Gegend, die wie oben bemerkt mehr den Märkischen, als
den Lausitzer Floren-Charakter besitzt.   Ausserdem nur Sp. Im
Garten der Spiegelschen Ziegelei bei Buckow in einem Exemplare
1878 einzeln H.   L. Ukro 1879 Bo.   Wieringsdorfer Feldmark 1879
Tschiersch.   Da die Bodenverhältnisse der Lausitzer Ebene
kaum erheblich von denen der übrigen Provinz Brandenburg ab-
weichen, so können es nur die klimatischen Bedingungen sein,

welche der modernen „Wucherblume" hier das Fortkommen erschweren. Die Seltenheit derselben ist um so bemerkenswerther in einer Landschaft, welche an Schlesien angrenzt, in welcher Provinz die Pflanze mit zuerst in Deutschland auftrat.

S. *aquaticus* Huds. Weggraben zw. Mückenberg und der Heide nach G. Ja.!

S. *paludosus* L. Ruhland: Satzmühle M.! Elsterwiesen bei Mückenberg Ja. Rohrbusch bei Straupitz. Lucas, B.

Cirsium acaule (L.) All. Sp. Bei Roitz am Waldrande Ri. Kb. Lakoma!! Zw. K. und Werchow Arth. Schultz. L. Ukro!! Kahnsdorf!! Pademagk!! Drehna'er Weinberg!!

C. rivulare (Jacq.) Lk. Grasgärten in Peitz L.!

C. oleraceum (L.) Scop. Kb. Burg v. Schulenburg!! A. Neudöbern H. Li. gemein. B.

b) *amarantinum* Lang. Li. Im Busch B.

C. oleraceum × *palustre*. Li. Senffs Gässchen; im Keiss; hinter dem Schlossgarten; Gustelsberg im Stockshof etc. B.!

Carduus acanthoides L. Sp. Nicht häufig Ri.

C. crispus L. G. Ja. Kb. Burg v. Schulenburg! L. Kahnsdorf am Wall Dumas!!

C. acanthoides × *nutans*. Sp. Bei der Grube Lusatia Ri.

Lappa officinalis All. G. Ja. (Sp. Radeweise; Straußdorf Ri.) Kb. Kl.-Döbern Magnus!! L. Bornsdorf bei der Ziegelscheune!! Kahnsdorf!! Li. Weg nach Münchhofe B.

L. glabra Lmk. Li. Grosse Gasse weissblühend B.

Serratula tinctoria L. Sp. Roitz Ri. L. Drehna'er Weinberg!!

Carlina vulgaris L. S. Koschenberg im Hypersthenit-Bruche!! Finsterwalde: Im Walde zwischen Drössigk und der Nehiesdorfer Pechhütte Ja. L. Nicht selten auf dem Höhenzuge, z. B. Ukro!! Struveberg bei Waltersdorf!! Weissagker Kalkgruben!! Drehna'er Weinberg!! Li. Bürgerheide; Weg nach Sykadel B.

Centaurea Cyanus L. Ortrand roth blühend Ja. V. Zw. Brante-Mühle und den Koswiger Teichen weiss blühend Tr. Li. Hin und wieder weiss blühend B.

C. Scabiosa L. S. Senftenberger Weinberge weisslich blühend!! Li. Am Wege nach dem Eichberg weiss blühend. B.

C. panniculata Jacq. S. Senftenberger Weinberge!! Schlieben: Naundorf Matthias. L. Drehna'er Weinberg!! Li. Kirchhof B.

† *Tolpis barbata* (L.) Gaertn. Unter Serradella: Kb. Gr.-Gaglow 1863 Koppenz! Branitz M.

Thrincia hirta Rth. Kb. Feuchte Aecker an der Chaussee hinter Wilmersdorf!! Dr. Rohrteich bei Gr.-Döbern!! A. Penkan-Teich!! L. Bornsdorfer Grosse Teich!! vor und hinter Kahnsdorf (R.) sehr viel!! Borcheltwiesen bei Fresdorf!!

Leontodon hispidus L. b) *hastilis* L. Dr. Leuthener Wiesen!! Insel am Behn-Teich bei Gr.-Döbern!! Li. Gustelsberg im Stockshof B.

Pioris hieracioides L. L. Kahnsdorf (R.) am Wall!!

Tragopogon major Jacq., welcher in R.'s Flor. Lusatica fehlt, ist auch heut noch nicht im Gebiete gefunden. (In der östl. Nieder-Lausitz nur bei Neuzelle.)

Scorzonera humilis L. Sp. Roitz Ri. Dr. Zw. Kauscho und Prožim M.!! A. Im Walde an der Chaussee nach Räschen 1872 Dr. Siehe. Li. Behlower Heide; Bürger Heide; Burghof B.!

Taraxacum vulgare (Lmk.) Schrk. d) *paludosum* (Scop., als Art) Schl. V. Koswiger Teiche!! L. Vor Beesdau!! Borcheltwiesen bei Fresdorf Bo.!

Chondrilla juncea L. Kb. Unweit des Chaussee-Hauses bei Lakoma!! Lb. Neue Kirchhof!! Li. Nach der Behlower Heide hin B.

Sonchus arvensis L. G. Ja. Li. B.

Crepis paludosa (L.) Mnch. Dr. Steinitzer Berge!! Li. z. B. Wiesen am Stockshof B.

Hieracium Auricula L. S. Wiesen hinter Buchwalde!! Prožim!! Finsterwalde und von dort bis Koselenzin Il'se. Dr. Gr.-Döbern!! A. L. Drehna'er Park und Wiesen!! Li. Ziegelei; Fasanerie B.

H. pratense Tausch. Sp. Byhlow; Buckow Ri. Dr. Kausche in einem Grasgarten M.!! Li. Stockshof; Alte Schloss; Fasanerie B.!

† *H. aurantiacum* L. Dr. Kirchhof in Leuthen einzeln M.!

H. boreale Fr. S. Senftenberger Weinberge!! Sw. Wall!! L. Wall bei Kahnsdorf!!

H. tridentatum Fr. G. Ja. A. Rettchensdorfer Busch!!

H. umbellatum L. S. Senftenberger Weinberge!! Sp. In den Kuten und bei Roitz Ri. A. Rettchensdorf in der Forst H. K. An der Chaussee diesseits der Theilung der Strassen nach Drebkau und Altdöbern H. Li. Stockshof; Eichgarten; Behlower Heide etc. B. d) *linariifolium* G.F.W.Mey. Kb. Vor Gallinchen!! Li. Bürgerheide; Behlower Heide B.!

Phyteuma spicatum L. b) *nigrum* (Schmidt, als Art) Döll. L. Drehna'er Park auf Grasplätzen einzeln Bo.!!

Campanula rapunculoides L. Dr. Auras Magnus!! A. Neudöbern; Rettchensdorf in der Forst und auf Grasplätzen H. Li. Kirchhof Byhle; Gärten B.

C. Trachelium L. Sw. Wall!! Steig nach Brenitz!! Kb. Kl.-Döbern!! Li. Alte Schloss B.

C. persicifolia L. Kb. Spreeufer an der Neuen Mühle M.! Li. Gustelsbergchen; Meilerberg; Byhle L., M.!

C. glomerata L. L. (R.) An der Beke zw. der Golssener Chaussee und Zöllmersdorf Bo.! Kahnsdorf am Wall!! Li. Alte Schloss; Fasanerie B.

Vaccinium Myrtillus L. G. Häufig Ja. Sw. Forst z. B. bei Kl.-Kraus-
nigk!! Dr. Zw. Kausche und Prožim!! L. In Wäldern des Höhen-
zuges häufig, z. B. Gahro'er Buchheide!! Drehna'er Forst!! Gr.-
Mehssow!! Lb. Pfuhl!! Li. Stockshof; Bürgerheide etc. B.
V. uliginosum L. G. Koyne; Frauendorfer Heide bei Ortrand und sonst
im „Ländchen" nicht selten Ja. Sw. (Kretzschmar) Am Lehmanns-Teich bei Klein-Krausnigk!! Dr. Zw. Kausche und Prožim M).!!
V. Vitis idaea L. S. Wald auf dem Koschenberge und am Fusse desselben!! G. Häufig Ja. Dobrilugk: Lindena'er Mühle!! Sw. Forst
z. B. bei Kl.-Krausnigk!! Sp. Ri. Kb. Lakoma beim Chausseehause!!
Dr. Golschow!! Zw. Kausche und Prožim!! L. Wälder des Höhen-
zuges häufig, z. B. Gahro'er Buchheide!! Babben!! Gr.-Mehssow!!
Drehna'er Forst!! Li. sehr viel B.
V. Oxycoccus L. G. An den Seen und Teichen sehr zahlreich Ja.
Finsterwalde: Göllnitz Heinsius, H. Sp. (R.) Trattendorf; Kuten
häufig Ri. Dr. Zw. Kausche und Prožim!! A. Ranzow H. L.
Loch-Mühle bei Hohen-Bucko Matthias. Langengrassau am
Fusse der Höllenberge Bo.! Li. Häufig, z. B. beim Alten Schloss,
Meierei, Pulverteich, Fasanerie B.!
Arctostaphylus Uva ursi (L.) Spr. Dr. Zw. Kausche und Gosda M.! Ri.
K. Zw. Gollmitz und Gosda H. L. Rochauer Heide bei Alt-Sorge-
feld (R.) Matthias. Li. Heideschäferei; Pinnow B.
Andromeda Poliifolia L. G. Am Kleinen See verbreitet Ja. Finster-
walde: Göllnitz H. Sw. Kl.-Krausnigk (R.) im Lehmanns-Teich
am 25. Aug. 1874 blühend Bloch!! Dr. Zw. Kausche und Pro-
žim!! Li. Burghof; Meierei Insel im Splau; Pinnower Heide B.!
Erica Tetralix L. S. Zw. Buchwalde und Gr.-Koschen!! Gosda
M.! Zw. Klettwitz und Lichterfelde Ilse. G. An den Seen und
Teichen verbreitet Ja. Torfstich am Fusse der Freiberge westl. von
Ogrosen!! Auf den Freibergen und am Nordabhange bei Gollmitz,
Kabel (R.) und Werchow H. Kl.-Mehssow (R.) am Sand-Teiche!!
L. Zw. Beesdau und Stiebsdorf (mit *Myrica*)!!
Ledum palustre L. G. Verbreitet Ja. Finsterwalde: Betten Ilse.
Göllnitz H. Sw. Forst, z. B. Lehmanns-Teich Bloch!! Dobri-
lugk: Zw. Friedersdorf und Teuberts-Mühle Ilse. A. Forst zw.
Chransdorf und Lugk H. K. Freiberge Rabenau. L. Zw. Bees-
dau und Stiebsdorf (mit *Myrica*)!! Fürstl. Drebna (R.) westl. und
südwestl. vom Sand-Teich!! Li. Früher am Meierei-See! Burg-
hof B.!!
Pirola rotundifolia L. Sp. Hinter Slamen Ri.
P. chlorantha Sw. L. Gahro'er Buchheide Bo.! Li. Bürgerheide hinter
der Ziegelei; Radusch-Berg B.
P. minor L. G. Am Quellgraben neben der Köhlerstätte Ja. Dr. Teu-

felsgraben bei Gr.-Döbern M.!! A. Neudöbern im Punix; Rettchens-
dörfer Busch H. Lb. Pfuhl Tr. Li. Stockshof B.

P. uniflora L. A. Rettchensdorf bei der alten Ziegelei an der Lugkschen Grenze H. L. Gahro'er Heide (Kretzschmar) Bo.! Li.
Bürgerheide; Byhle B.!

Chimophila umbellata (L.) Nutt. G. Am Quellgraben neben der Köhlerstätte sparsam Ja. Sp. Wald bei der Pumpe sparsam Ri. A.
Rettchensdorf bei der alten Ziegelei an der Lugkschen Grenze und
sonst einzeln in der Forst H. L. Rochauer Heide (R.) Matthias.
Li. Behlower Heide; Bürger-Heide; Radusch-Berg B.!

Ramischia secunda (L.) Gke. G. Sehr zerstreut Ja. Sp. Trattendorf
Ri. A. Neudöbern im Punix H. L. Gahro'er Buchheide!! Li.
Bürgerheide; Behlower Heide B.

Monotropa Hypopitys L. G. Nicht selten Ja. Sp. An der Pumpe meist
häufig Ri. Rochauer Heide; Lebuse Matthias. Li. Behlower
Heide; Bürgerheide B.

† *Ligustrum vulgare* L. S. Senftenberger Weinberge!! Li. Alte
Schloss B.

Vincetoxicum album (Mill.) Aschs. Sp. Georgen-Berg im Einschnitt nach
Kuhles Berg H. Li. Alte Schloss; Karpfenweg B.

Vinca minor L. G. In Gärten verwildert Ja. L. Gahro'er Buchheide
zahlreich (R.) Rössler!!

Menyanthes trifoliata L. G. An den Seen und Teichen nicht selten Ja.
Kb. Gallinchen!! A. Neudöbern; Rettchensdorf; Reddern; Peitzen-
dorf H. L. z. B. Paserin (am 10. Aug. 1878 einzeln blühend)!!
Drehna'er Waldwiesen!! Li. viel B.

Gentiana Pneumonanthe L. G. Die Torfwiesen mit *Parnassia* und *Arnica* bedeckend Ja. Sw. Am Steig nach Brenitz unw. der Windmühle viel!! L. (R.) Zw. Riedebeck und Beesdau!! am Sand-
Teich (Nordseite)!!

G. Amarella L. Sp. Wiesen bei Radeweise Ri.

Erythraea Centaurium (L.) Pers. G. Sehr vereinzelt Ja. Sp. Roitz Ri.
Li. Chaussee nach Beeskow; am Schwielochsee bei Zaue; am
Radusch-See B.

E. pulchella (Sw.) Fr. A. Pritzen an der Westseite H. V. Zw. dem
Bahnhofe und der Stradower Mühle!! L. Ukro!! Bornsdorf bei
der Ziegelscheune!! Aecker östl. der Stadt Bo., bes. bei Kahnsdorf!! Lb. Aecker am linken Ufer der Spree, Hartmannsdorf
gegenüber!! Li. Nach der Fasanerie hin B.

† *Collomia grandiflora* Dougl. L. Auf dem neuen Kirchhofe in
Hohen-Bucko Matthias.

Cuscuta europaea L. Kb. Zw. Lakoma und der Maust-Mühle S.! Li.
Bei Behlow B.

C. Epithymum (L.) Murr. Kb. An der Chaussee nach Peitz S.! Dr. Leuthener Wiesen!! Li. Bei Hollbrunn auf Klee B.

Lappula Myosotis Mnch. L. Am Borchelt bei Fresdorf (R.)!! Li. Ziegelei B.

Cynoglossum officinale L. L. Bornsdorf bei der Ziegelscheune!! Drehna bei der wüsten Kirche!!

†. *Borrago officinalis* L. A. Luckaitz an der Strasse nach Kalau 1869; 1872 aber schon wieder verschwunden H.

Symphytum officinale L. G. Nicht selten Ja. Sp. Nicht häufig Ri. Kb. Burg v. Schulenburg! A. Am Mühlenfliess zw. Neudöbern und Reddern H. Li. Häufig B.

† *Echium plantagineum* L. Kb. Unter Serradella bei Gr.-Gaglow 1865 M.!

Pulmonaria officinalis L. L. Waltersdorf (R.) Bo.!

P. angustifolia L. L. Drehna'er Weinberg (R.) Bo.!

Lithospermum arvense L. Li. blau blühend B.

Myosotis caespitosa Schultz. Kb. Lakoma!! Dr. Wiesen bei Gr.-Döbern! Li. Weidendamm B.

   b) *laxa* Aschs. Kb. Mühl-Teich bei Gallinchen!!

M. versicolor (Pers.) Sm. G. Schulacker im Jamen Ja. Kb. Gallinchen Tr.!! zw. Gr.-Osnik und Kl.-Döbern!! Lb. Schlepzig (weiss blühend) Arth. Schultz.

Solanum villosum Lmk. b) *alatum* Mnch. (als Art). Li. Schenk-Berg; am Radusch-Berg B.!

† *Nicandra physaloides* (L.) Gaertn. Sp. Gemüsegärten, auf Schutt, auch auf Feldern vereinzelt 1877 H. Li. Behlow; Dobberbus B.

† *Atropa Belladonna* L. L. Auf Schutt an der Stadtmauer seit mindestens 10 Jahren Bo.!

Hyoscyamus niger L. G. Staupitz an der Kirche Ja. A. Neudöbern; Reddern im Dorfe und bei der Feldschenke H. L. Hohen-Bucko Matthias. Riedebeck!! Kahnsdorf!! Li. Ziegelei; Gärten B.

† *Datura Stramonium* L. G. Zerstreut Ja. Schlieben: Naundorf Matthias. Sp. Garten des Mechanikus Krüger; Kantdorf Ri. Peitz: Maust-Mühle!! A. Neudöbern H. V. Repten Rabenau, Tr.; Stradow sehr viel!! Li. Gärten B.

Verbascum Thapsus L. Senftenberger Weinberge Tr.!! A. Neudöbern; Rettchensdorf; Reddern H. L. Kahnsdorf am Graben der ehemal. Viehweide Dumas!!

V. thapsiforme Schrad. G. Zerstreut Ja. Li. Hollbrunn B.

V. Lychnitis L. Herzberg: Gräberfeld bei Kl.-Ressen Urban! Sp. Vereinzelt Ri., H. K. Gosda H. L. Zw. Riedebeck und Bornsdorf!! Li. B.

† *V. Blattaria* L. A. Neudöbern im Schlossgarten, 1869 sparsam, aber noch 1878 vorhanden H.!

Scrophularia alata Gib. Sp. Quellige Stellen in Kantdorf Ri. A. Neudöbern; Rettchensdorfer Busch; Peitzendorf bis Reddern am Fliess H.

    b) *Neesii* Wirtg. (als Art.) Li. Nicht selten B.!

Antirrhinum Orontium L. Herzberg: Falkenberg U r b a n! S. Beim Bahnhof Tr.!! G. Zerstreut Ja. Dobrilugk: Lindena'er Mühle!! Sp. Felder gemein Ri. L. Ukro beim Bahnhof L o e w!! Paserin R u h m e r!! Bornsdorf M a t t h i a s. Aecker südlich von Fürstl. Drebna R u h m e r!!

† *Linaria Cymbalaria* (L.) Mill. Sp. Alte Stadt-Mauer im Schulgarten in der Altstadt H.

L. Elatine (L.) Mill. Kb. Zw. Gr.-Osnik und Kl.-Döbern unter Mohrrüben M a g n u s!! Sergen M. V. Zw. dem Bahnhof und der Stradower Mühle!! L. Kahnsdorf (R.) Bo.!! Drehna'er Weinberg R u h m e r!!

L. arvensis (L.) Desf. z. Th. Zw. Herzberg und Kl.-Ressen U r b a n! Dr. Sandäcker bei Laubst M. L. (R.) Aecker nördl. und westl. der Schanze Bo.!

L. minor (L.) Desf. Lübbenau auf Gemüsefeldern Tr. L. (R.) Kahnsdorf gemein; zw. Görlsdorf und Beesdau Bo.!

Gratiola officinalis L. Ruhland: Guteborner Sorgen-Teich M. Herzberg: In der Nähe des Gräberfeldes bei Kl.-Ressen U r b a n. Li. Zaue am Schwielochsee B.

Limosella aquatica L. L. Am Grossen Teich bei Bornsdorf (R.)!!

† *Digitalis purpurea* L. A. Schlossgarten in Neudöbern roth- und weissblühend H. Li. Garten der Mädchenschule verwildert in allen Nüancen von dunkelrosa bis weiss B.

Veronica scutellata L. S. Hinter Buchwalde M a g n u s! G. Ja. Sp. Ri. Kb. Lakoma!! Wilmersdorf!! Dr. Golschow!! Gr.-Döbern!! A. Peitzendorf!! L. Grosser Teich bei Pademagk Bo.!! Lb. Hartmannsdorfer Wiesen!! Li. Bei der Ziegelei B.

    b) *pilosa* Vahl. Herzberg: In der Nähe des Gräberfeldes bei Kl.-Ressen U r b a n u. Tr.! vgl. Sitzungsber. 1876 S. 106.

V. Anagallis aquatica L. G. Ja. Sp. Ri. Li. B.

V. montana L. Li. Stockshof B !

V. Teucrium L. (*V. latifolia* auct.) Li. Alte Schloss B.!

V. longifolia L. Lb. Spreeufer beim Kleinen Hain F i c k. Li. Am Damm zw. Gustelsberg und dem Alten Schloss ein Expl. B.! früher, etwa 1806 von Herrn B.'s Vater zahlreicher gefunden.

V. spicata L. S. Senftenberger Weinberge Tr.!! Sp. (R.) Ri. K. Zw. Golmitz und Gosda; Gosda bei der Windmühle H. L. Schlucht bei Ukro!! Drehna'er Weinberg!! Li. Häufig; rosablühend am Eisgruben-Berg; weissblühend am Weinberg B.

V. serpyllifolia L. Dobrilugk!! Sp. Ri. . Li. B.

ʼ. *verna* L. Sp. Ri. Kb. Zw. Gulben und Ruben!! Burg!! V. Vor
Brante-Mühle Tr. L. z. B. Ukro!! Drehna bei der wüsten Kirche!!
Li. B.

ʼ. *persica* Poir. L. („Westl. Niederlausitz" R.) Aecker an der Promenade auf der Nordseite der Stadt Bo.!!

ʼ. *agrestis* L. Kb. Zw. Gr.-Osnik und Kl.-Döbern!! Lb. Schlepzig
Tr.!! Li. B.

ʼ. *polita* Fr. L. Aecker an der Promenade!! und gewiss weiter verbreitet.

Melampyrum arvense L. Sw.; Gosmar H. V. Ogrosen H. Missen!!
L. (R.) Langengrassau Bo. Mergelgrube vor Hohen-Bucko **Mat-**
thias; zw. Gosmar und Fresdorf!! Görlsdorf gemein Bo.!

M. nemorosum L. S. Senftenberger Weinberge!! G. In der Welke und
zw. Dolstheide und den Bärhäusern Ja. Sw. Wall!! am Steig
nach Brenitz!! (mehrfach mit weissen Bracteen). Dobrilugk: Lindena'er Mühle!! (desgl.) Schlieben: Naundorf **Matthias**. Kb.
Gallinchen **Magnus**! Dr. Schorbus!! A. Reddern! Kasel im
Tannenbusch H. L. Kahnsdorf am Wall sehr viel!! Lb. Gr.
Hain!! Pfuhl!! Li. Stockshof und Alte Schloss viel B.

M. pratense L. G. Ja. Sw. Beim Forsthaus Stockhaus!! Herzberg
Tr. Sp. In Wäldern Ri. B. Roitz; Pulsberg; Jessen Ri. A.
Rettchensdorfer Busch; Reddern; Kasel im Tannenbusch H. L.
Drehna'er Weinberg!! Li. Stockshof; Bürgerheide etc. B.

Pedicularis silvatica L. S. Prožim M.!! G. An den Seen Ja. Schlieben: Naundorf **Matthias**. Sp. Häufig Ri. Dr. Hinter Golschow!!
Gr.-Döbern L!! L. Sehr verbreitet: Wiesen westl. von Langengrassau!! am Fuss der Höllenberge!! zw. Riedebeck u. Beesdau!!
bei der Bornsdorfer Ziegelscheune am 11. August 1878 noch
blühend!! zw. Gosmar und Beesdau!! Waldwiesen bei Fürstl.
Drehna!! Pademagk!! Lb. Wiesen nach Alt-Zauche hin sehr
viel **Potonié**.

P. palustris L. G. Ja. Sp. Nur bei Weskow Ri. V. Bei den Koswiger
Teichen Tr. Lb. Wiesen nach Alt-Zauche hin sparsam **Potonié**.
Li. Bei der Fasanerie; beim Eichgarten B.

Alectorolophus major (Ehrh.) Rchb. b) *angustifolius* Fr. Kb. Gallinchen!! Lakoma!! Wilmersdorf!! A. Penkan-Teich!!

A. minor (Ehrh.) Wimm. et Grab. G. Häufig Ja. V. Brante-Mühle Tr.
Zw. Lb. und Alt-Zauche **Potonié**. Li. B.

Lathraea Squamaria L. L. Weissagk beim Neuen Quell (R.)!! Li. (R.)
Stockshof; Behlower Teich; Fasanerie B.!

† *Elssholzia Patrinii* (Lepechin) Gke. Kb. Wilmersdorf!! Li. In
Gärten B.

Mentha silvestris L. Sp. In Grasgärten mehrfach Ri.

† *Calamintha Acinus* (L.) Clairv. G. Nicht selten Ja. Sp. Georgen-
Berg Ri., H. L. Drehna'er Weinberg!! Li. Nicht selten B.

C. *Clinopodium* Spenn. S. Senftenberger Weinberge!! G. Ja. Sp.
Georgen-Berg Ri. L. Drehna'er Weinberg!! Lb. Pfuhl!! Li. Alte
Schloss B.

† *Hyssopus officinalis* L. Sp. Georgen-Berg Ri. L. Neuer Kirchhof in Hohen-Bucko Matthias.

Nepeta Cataria L. S. Stadt Magnus! V. Bolschwitz vor dem Schul-
hause H. L. Bornsdorf bei der Ziegelscheune!! Li. Eichberg am
Backofen B.

Lamium maculatum L. L. Wieringsdorf Bo.! Lb. Pfuhl!! Krimnitz
Lucas. Li. Gärten; Stockshof; Münchhofe B.

L. *Galeobdolon* (L.) Crtz. Sw. Am Steig nach Brenitz!! Sp. Bei Roitz
und Weskow selten Ri. L. Weissagk beim Neuen Quell!! Gahro'er
Buchheide!! Li. Stockshof viel; Fasanerie B.!

Galeopsis Ladanum L. S. Aecker beim Bahnhofe häufig (mit var. *intermedia* Vill.)!! G. Ja. L. Paserin!! Li. Lamsfeld B.

G. *Tetrahit* L. v. *bifida* v. Boenn. G. Ja.

G. *speciosa* Mill. G. Ja. Li. Trebitzer Berg B.

G. *pubescens* Boss. S. Stadt!! Senftenberger Weinberge!! Sw. Am
Steig nach und in Brenitz!! Kb. Gallinchen!! Gr.-Osnik!! Wil-
miersdorf!! L. (R.) Bornsdorf bei der Ziegelscheune!! Lb. Grosse
Hain!! Li. Gärten; Stockshof; Behlow B.!

Stachys silvatica L. Lübbenau: Schlossgarten Tr. Li. Alte Schloss B.

S. *arvensis* L. S. Beim Bahnhofe Tr.!! an den Senftenberger Weinbergen Treichel!! G. An der Walk-Mühle in einem Expl. Ja. Kb.
Gallinchen!! A. Rettchensdorf einzeln H.

S. *Betonica* Benth. Dr. Wiesen bei Laubst M. L. Drehna'er Weinberg!! Li. Alte Schloss B.

Scutellaria galericulata L. G. Häufig Ja. Zw. Peitz und der Maust-
Mühle!! Li. Häufig B.

Brunella grandiflora (L.) Jacq. Sp. Georgen-Berg hinter der Schmidt'-
schen Besitzung Ri. H.

Ajuga genevensis L. Zw. Kb. und Brenitz!! A. Neudöbern in der
Forst bei der alten Ziegelei an der Lugkschen Grenze; Chransdorf auf den Kalkbergen; Ranzow H. Bei L. gemein, besonders
viel bei Ukro!! Li. viel B.

Teucrium Scorodonia L. G. Neben dem Abfall hinter der Walke
Ja.!!

T. *Scordium* L. L. (R.) Graben der ehemal. Viehweide bei Kahnsdorf!!

Verbena officinalis L. S. Buchwalde Tr.! G.; Bockwitz; Frauendorf
Ja. Sw. Brenitz!! Sp. Jessen Ri. V. Repten!! L. Kahnsdorf
sehr viel!! Li. Nicht selten B.

Pinguicula vulgaris L.   L. Fürstl. Drehna (R.) an der Strasse nach Luckau Tschiersch.

Utricularia vulgaris L.   G. Torfstich am Kleinen See Ja!   Sp. Graben und Teichränder bei Trattendorf Ri.   Kb. Teich bei Lakoma S.!!   A. Reddern; Kasel H.   L. Krautgärten bei Hohen-Bucko Matthias.   Li. (R.) im Fliess bei der Radusch-Brücke; bei Hollbrunn B.

U. intermedia Hayne.   Sp. Kuten-Graben Ri.!

U. minor L.   Sp. Kuten Ri.!

Trientalis europaea L.   Dr. Zw. Kausche und Prožim M.!!

Lysimachia thyrsiflora L.   S. Gräben zw. Stadt und Bahnhof Magnus!!   Prožim M.   Sw. Am Lug-Teich!!   A. Neudöbern am Schaf-Teich im Graben H..   Li. Weidendamm; Fasanerie; Stockshof etc. B.

L. vulgaris L.   G. Ja.   Sw. Am Lug-Teich!!   Kb. Lakoma!!   Lb. Pfuhl!!   Li. Fasanerie; Stockshof B.

Anagallis arvensis L.   Mit weisser Blumenkrone und violettem Schlundring: L. Aecker östlich der Stadt; ebenso aber kleinblüthig bei Kahnsdorf Bo! Mit fleischrother Krone: L. Bornsdorf bei den Teichen Ruhmer!! Mit lila Krone: L. Drehna'er Weinberg Koehne!!

  b) *coerulea* Schreb. (als Art).   Li. Hinter dem Graben B.

Centunculus minimus L.   Kb. Lakoma S.!!   Dr. Rohr-Teich bei Gr.-Döbern!!

Primula officinalis (L.) Jacq.   K. In einem Wäldchen bei Seese H.

Hottonia palustris L.   S. Prožim!!   Sp. Kuten nicht häufig Ri.   V. Reptener Teiche Tr.   L. Vor Beesdau!!   Fürstl. Drehna!!   Unter-Spreewald!!   Li. Stockshof; Weidendamm etc. B.

Plantago major L. b) *nana* Tratt. (als Art.)   L. Sumpf an der Eisenbahn südl. von Pickel Ruhmer.

P. media L.   G. Ja.   Sw. H.   A. Peitzendorf H.   Li. Pfundt's Garten B.

P. ramosa (Gil.) Aschs.   Sp. Hinter der Gas-Anstalt Ri.; Spreedamm vor Byhlow H.   Kb. (R.) Gallinchen am Spreeufer Tr.!   Dr. Domsdorf M.   Li. Häufig B.

Litorella uniflora (L.) Aschs. Ruhland: Guteborner Sorgen-Teich 1864 M.   Kb. An einem kleinen Teiche bei Lakoma 1870 S.!   Peitz: Am Teufels-Teich nordöstl. L.!   Dr. Rohr-Teich bei Gr.-Döbern 1864 viel!!   L. Am nördl. Ufer des Sand-Teiches bei Kl. Mehssow Koehne und Ruhmer!!

† *Amarantus panniculatus* L.   L. Kahnsdorf!!

A. retroflexus L.   Kb. Spremberger Vorstadt Magnus!!   L. Kahnsdorf sehr viel!!

† *A. melancholicus* L. var. *parvifolius* Moq.-Tand. (Vgl. Verhandl. des Bot. Vereins Brandenb. 1878 S. XXIX.)   Sp. Auf Schutt hinter Nitschkes Fabrik 1879 Ri.!

Albersia Blitum (L.) Kth.   S. Buchwalde Tr.!   Li. B.

Polycnemum arvense L. Dobrilugk: Lindena'er Mühle!! Dr. Sandäcker
bei Laubst M.! A. Rettchensdorf am Wege nach Neudöbern und
vor der Heideschenke gegen §Lipten; Ogrosen am Schaf-Teich;
Neudorf bei der Ziegelei; Kl.-Jauer vor der Heide am Wege nach
Luboch H. L. (R.) Ukro!! Li. Am Börnchen B.

Salsola Kali L. Sp. Schutthaufen hinter der Gas-Anstalt Ri., H. Kb.
Bahnhof einzeln 1870 Magnus!! Offenbar erst durch den Eisen-
bahnverkehr eingeschleppt.

Chenopodium polyspermum L. S. Stadt Magnus! Sw. (Kretzschmar) Forsthaus Stockhaus als Garten-Unkraut!! Li. Desgl. nebst
var. *acutifolium* Kit. (als Art); Gärten B.

C. urbicum L. S. Buchwalde Magnus!! L. Paserin Koehne[!

C. glaucum L. S. Buchwalde Magnus!! Li. B.

Atriplex hastatum L. Sp. Ri. Li. B.

A. roseum L. L. (R.) Kahnsdorf viel!!

Rumex maritimus L. Sw. Lug-Teich Dumas. L. Bornsdorfer Teiche!!
Li. Am Fliess B.

     b) *paluster* Sm. (als Art.) Sp. Ri.

R. sanguineus L. Lb. (R.) Grosse Hain!!

R. Hydrolapathum Huds. Sp. Spreeufer selten Ri. Kb. Burg von
Schulenburg! Zw. Burg und Lübbenau!! An der Spree unterhalb Lb.!! Li. B.

Polygonum minus Huds. L. Sumpf an der Eisenbahn südl. von Pickel!!

P. dumetorum L. Zw. Peitz und Maust-Mühle!! Li. Stockshof z. B. B.

Fagopyrum tataricum (L.) Gaertn. G. Unter Buchweizen Ja. L. Ukro
desgl.!!

Thesium ebracteatum Hayne. L. Ukro beim Standorte der *Moenchia*
Matthias, Bo.! Falkenberg (G. Holla) Matthias.

Euphorbia Cyparissias L. Bei Sp. fehlend, beginnt erst dicht vor Dr.
Ri. L. z. B. Weissagk!! Lb. Viel!! Li. Viel B.

E. exigua L. L. Hohen-Bucko links vor dem Dorfe an Mergelgruben
Matthias; Bornsdorf Ruhmer; Kahnsdorf!! Drehna'er Weinberg!! Li. Bei Münchhofe B.

Mercurialis perennis L. Burgwall bei Schlieben Dr. Voss! Li. Stockshof gemein B.!

M. annua L. G. Ja. Sp. Am Fusse des Georgenberges (Stadtseite)
in einigen Gärten der Altstadt in der Nähe der Spree 1875 H.
Kb. Kirchhof; Spremberger Vorstadt Magnus!! Peitz!!

Urtica dioeca L. var. *subinermis* Uechtr. Lb. Unter-Spreewald!!

Parietaria officinalis L. a) *erecta* M. et K. L. Golzig (R.) Gebüsche am Park unweit der Berste Bo.!

Quercus sessiliflora Sm. G. Vereinzelt Ja. Li. B.

Salix. Ueber die Formen dieser Gattung um Sp. vgl. den Aufsatz von

Straehler, Abhandl. des Bot. Vereins Brandenb. 1878 S. 1 ff.
Ausserdem:

S. pentandra L. Li. Stockshof, Fasanerie, Behlow B.

S. amygdalina L. a) *discolor* Koch. Lb. Spree unterhalb der Stadt!!

S. viminalis × *Caprea.* Dobrilugk beim Bahnhofe (angepflanzt) Arth.
Schultz!! Friedersdorf am Dorfbache Ilse!

S. Caprea L. G. Ja. Li. B.

S. aurita L. G. Ja. Li. B.

S. repens L. Kb. Gallinchen!! Dr. Zw. Laubst und Schorbus!! Zw.
Kausche und Prožim!! Zw. Auras und Gr.-Döbern!! L. Zw. Wanninchen und Pademagk!! Am Sand-Teich bei Kl.-Mehssow!! Li. B.

† *Populus balsamifera* L. Li. Stockshof B.

Myrica Gale L. L. Zw. Beesdau und Stiebsdorf und von dort bis gegen
Wanninchen (R.) Bo.!! Zw. dem Park und dem Weinberg bei
Drehna Arth. Schultz!! Nordseite des Sand-Teichs bei Klein-
Mehssow Arth. Schultz!! Um den Grossen Teich bei Pademagk
Effenberger!! Vgl. Verhandl. 1879 S. IX, X.

Elodea canadensis (Rich. et Michx.) Casp. Lübbenau Tr. Lb. In
der Spree!! Li. Im Fliess, in Seen und Torfgräben; Schwielochsee
schon 1867 B.!

Stratiotes Aloides L. Ruhland: Bei der Satz-Mühle M. In den Elster-
Armen bei Mückenberg vor der Regulirung häufig Ja. Dr. Gr.-
Döbern in Teichen L. Li. Hinter dem Alten Schloss; Teiche bei
Jamlitz B.

Hydrocharis Morsus ranae L. G. Häufig Ja. Dobrilugk: Hammer-
Teich!! Kb. Mühl-Teich bei Gallinchen!! Burg v. Schulenburg!
A. Neudöbern im Mühl-Teich; Reddern Gräben im Schlossgarten
und beim Kirchhofe H. Li. Häufig B.

Elisma natans (L.) Buchenau. (*Alisma* L.) Mückenberg: Im sog. „Verbinder" bei Dolstheide (Form *sparganiifolius* Fr.) Ja.! Finsterwalde: Mahlenz- und Schneidemühl-Teich bei der Nehesdorfer Pechhütte Arth. Schultz (Form *repens* Rchb.) L. Pieselskeute beim
Neuen Forsthause in der Rochauer Heide Matthias.

Sagittaria sagittifolia L. Mückenberg: Im Verbinder bei Dolstheide Ja.
Kb. Mühl-Teich bei Gallinchen!! Peitz: Maust-Mühle!! V. Brante-
Mühle Tr. Spree unterhalb Lb.!! Li. Teiche bei Jamlitz B.

    b) *gracilis* Bolle. Dr. Rohr-Teich bei Gr.-Döbern Magnus.

Scheuchzeria palustris L. Li. Meierei B.

Triglochin palustris L. Sp. Wiesen bei Trattendorf Ri. L. Bornsdorfer
Teiche!! Li. Im Busch; Fasanerie; Meierei B.

Potamogeton polygonifolius Pourr. Mückenberg (Reichenbach fil.).
Quell nördlich am Naundorfer See; Oberhammer-Teich bei Lauchhammer; Lehmlöcher bei der Walke Ja.! Herzberg: In der Schwarzen Elster unweit Kl.-Ressen? Urban (ohne Blüthen gesehen).

P. alpinus Balb. Sp. In der Spree und in Wiesenbächen Ri. Spree zw
Burg und Leipe!! L. Fresdorfer Fliess Bo.! Li. Fliess B.!

P. praelongus Wulf. Spree unterh. Lb.!

P. lucens L. Sp. Spree u. s. w. Ri. Lb. Spree unterhalb der Stadt!.
Li. B.

> b) *nitens* Willd. A. Neudöbern in dem in den Schaf-Teich
> einfliessenden Graben H.!

P. gramineus L. Sp. Ri. V. Reptener Teiche!! L. Bornsdorfer Teiche!!
Gräben des Kahnsdorfer Moors Bo.!

P. crispus L. Sp. Spree und Wiesenbäche Ri. Kb. Spree!! A. Schlossgarten im Bassin beim Neptun!! Li. B.

P. acutifolius Lk. S. Torfgräben nördl. der Stadt Ilse!

P. pusillus L. c) *tenuissimus* M. et K.? Spreewald zw. Lübbenau
und Alt-Zauche Potonié! Vgl. Sitzungsber. 1878 S. 116.

P. pectinatus L. Lb. Unter-Spreewald am Petka-Berg!! Li. B.

Lemna trisulca L. Sp. Ri. Li. häufig B.

Spirodela polyrrhiza (L.) Schleid. G. Ja.

Typha latifolia L. G. Am kleinen See Ja. Li. B.

T. angustifolia L. Dr. (R.) Behn-Teich bei Gr.-Döbern!! Li. B.

Sparganium simplex Huds. b) *fluitans* Gren. Spree zw. Burg und
Lübbenau!!

S. minimum Fr. G. Grenzgraben gegen Mückenberg Ja.! L. Torfstiche bei Wittmannsdorf (R.) Bo.

Calla palustris L. G. Häufig am „Grossen Quell" Ja. Sp. (R.) Häufig
Ri. Kb. (R.) Gallinchen Magnus!! zw. Lakoma und Maust-
Mühle S.!! Lb. Unter-Spreewald!! Li. (R.) Nicht selten B.

Acorus Calamus L. G. Heidemühlgraben Ja. Ober- und Unter-Spreewald!! Li. Im Fliess beim Gustelsbergchen B.

Orchis militaris (L. ex p.) Huds. Li. Förster Kellners Wiese am Gal-
gen-Berg 1879 B.

O. coriophora L. A. Reddern bei der Feld-Schenke H. L. Langengrassau!! Wittmannsdorf; Kahnsdorf (R.) Bo.! Drehna'er Weinberg 1864 einzeln Steinberg!! Li. Fasanerie-Wiesen; Münchhofe B.!

O. Morio L. Sp. Roitz Ri. Dr. Gr.-Döbern M.! A. Neudöbern auf einer
Waldfläche am Schöllnitzer Busch zahlreich H. L. Wüstemarke
Matthias. Vor Beesdau!! Waldwiesen und Weinberg bei Drehna!!

O. incarnata L. S. Prožim!! G. Ja. Sp. Roitz; Trattendorf Ri. Dr.
Hinter Golschow!! Lb. Hartmannsdorfer Wiesen!! Li. Bei Münchhofe; zwischen Behlow und der Damme B.

O. maculata L. G. Ja. Finsterwalde und von da bis Koselenzin Ilse.
Herzberg Tr.? Sp. Ri. Dr. Gr.-Döbern!! A. Papier-Mühle; Neudöbern im Punix; Rettchensdorfer Busch H. Li. Stockshof; Gustelsbergchen B.

Gymnadenia conopea (L.) R.Br.   A. Neudöbern am Wege nach Reddern an der Altdöbernschen Grenze H.

 b) *densiflora* (Wahlenb.) A.Dietr. (als Art).   Kb. Sergen M.! Li. Fasanerie-Wiesen B.

Platanthera bifolia (L.) Rchb.   G. Am Grossen See einzeln Ja. Herzberg Tr.!   Sp. Ri.   A. Rettchensdorfer Busch; Papier-Mühle; Chransdorf; zw. dem Weinberg und Reddern H.   L. Ukro; Wüstemarke **Matthias**. Li. Gustelsbergchen; bei Münchhofe; früher auch Primariatswiese B.

P. viridis (L.) Lindl.   Dobrilugk: Zw. Friedersdorf und Teuberts-Mühle Ilse.   Dr. Gr.-Döbern einzeln M.!   A. Neudöbern Wiese am Wege nach Reddern an der Altdöbernschen Grenze H.   Dahme: Ihlow **Groenland**.

Epipactis latifolia (L.) All.   Sp. Spreeufer selten Ri.   A. Schlossgarten in Neudöbern H.   Lb. Pfuhl **Hagedorn-Götz**!   Li. Stockshof B.

E. palustris (L.) Crtz.   Sp. Trattendorf Ri.   A. Wiese am Schwarzen Damm O. **Schiementz**!!   Neudöbern am Mühl-Teich H.   Li. Fasanerie; Gross-Liebitz B.

Neottia Nidus avis (L.) Rich.   L. Gahro'er Buchheide einmal Bo. Li. Alte Schloss Comtesse M. v. d. **Schulenburg**!

N. ovata (L.) Bluff und Fingerh.   Sp. Ri.   L. Fürstl. Drehna **Pohle**!!

Spiranthes spiralis (L.) C.Koch.   Sp. Roitz 1879 Ri.   Dr. Steinitzer Berge M.!   A. Am Laas nicht wieder gefunden H.   L. Langengrassau (R.) Hütung bei der Ziegelscheune 1879 zahlreich Bo.! Bornsdorf (R.) an den Teichen östl. der Chaussee **Tschiersch**!!

Liparis Loeselii (L.) Rich.   Dr. Leuthener Hölle M.!   Li. Beim Eichgarten B.!

† *Sisyrinchium Bermudiana* L.   Finsterwalde: Hinter einer Fabrik am Langen Damm 1871 **Habnow**!   Moorwiesen vor Drössigk 1877 Arth. **Schultz**!!   Vgl. Sitzungsber. 1877 S. 138.

Iris Pseudacorus L.   G. Häufig Ja.   Sw. Lug-Teich!!   Sp. Ri.   Kb. Burg von **Schulenburg**!   A. Peitzendorf H.   Spree unterhalb Lb.!! Li. Nicht selten B.

† *Leucoium vernum* L.   A. Schlossgarten in Neudöbern am Bassin H.

L. aestivum L.   Elsterwerda **Schultze**! (Herb. **Rensch**.)   Nähere Nachrichten über das Vorkommen dieser bemerkenswerthen Art wären sehr erwünscht.

† *Galanthus nivalis* L.   G. In Grasgärten Ja.

Paris quadrifolia L.   G. In den Kutlischen Ja.   Lb. (R.) Gr. Hain!! Pfuhl!!   Li. Gustelsbergchen; Alte Schloss (auch fünf- und sechsblättrig beobachtet) B.

Polygonatum officinale All.   Gustelsberg im Stockshof; Behlower Heide B.!

P. multiflorum (L.) All.   A. Neudöbern am Mühlenfliess zw. dem Dorfe

und der Eisenbahn; Luckaitz zw. dem Schlosse und der Eisenbahn H. Lb. Gr. Hain!! Pfuhl!! Li. Alte Schloss B.

Convallaria majalis L. S. Senftenberger Weinberge Heideprim
und Tr.!! Mückenberg: Früher im Kropschen Walde bei den
Bärhäusern Ja. Lb. Pfuhl!! Li. Stockshof; Alte Schloss;
Gustelsbergchen; Behlower Heide B.

Majanthemum bifolium (L.) Schmidt. G. Kutlischen Ja. Sp. Stellenweise Ri. A. Schlossgarten in Neudöbern H. Lb. Pfuhl!! Li.
Stockshof; Alte Schloss; Behlower Heide B.

Gagea pratensis (Pers.) Schult. Sp. Aecker und Hügel-Abhänge Ri.
L. Umgebung nach Süden!! Li. B.

G. arvensis (Pers.) Schult. Sp. Wie vorige Ri. A. Neudöbern; Peitzendorf am Waldrande Ja. L. Gemein, z. B. Schanze!! Waltersdorf!! Chaussee nach Wittmannsdorf!! Drausche-Mühle!! Li.
Gemein B.

G. silvatica (Pers.) Loud. L. (R.) Waltersdorf E. Krause!! Li.
Stockshof; Alte Schloss; bei der Damme B.!

Muscari comosum (L.) Mill. Li. In einem Garten der Stadt, an-
geblich von Ackerrändern bei der Barolds-Mühle dorthin ver-
pflanzt B.! An dem angegebenen Fundorte noch aufzusuchen. Vgl.
Sitzungsber. 1878 S. 86.

Ornithogalum umbellatum L. Sp. Georgen-Berg Ri. A. Reddern H. L.
Aecker südl. der Stadt, z. B. bei Wittmannsdorf (R.); Beesdau Bo.!!
Li. Häufig, z. B. Weisse Berg; Galgenberg; Keiss B.!

† *O. nutans* L. Sp. Pfarräcker Ri. L. Schlossberg am Abhange (R.)
Bo.! Li. Schlossgarten B.

* *Allium Schoenoprasum* L. und
* *A. Cepa* L. Mückenberg, in den Schraden-Dörfern, besonders in
Gröden, im Grossen gebaut Ja.

A. fallax Schult. S. Senftenberger Weinberge Tr.!!

* *A. sativum* L. Wie *A. Schoenoprasum* L. gebaut.

A. vineale L. Sp. Selten Ri. Dr. Auras!! A. Reddern H. L. Ukro!!
Drehna'er Weinberg!! Li. B.

   b) *capsuliferum* Lange. Li. Weisser-Berg B.!

Anthericus Liliago L. A. Neudöbernsche Forst sparsam H. Die
Angabe bei R. „häufig durch die ganze Niederlausitz" ist jedenfalls sehr einzuschränken.

A. ramosus L. Sp. Koehlers-Berg Ri. K. Brautberg bei Golmitz H.
Li. Meilerberg; Behlower Heide B.

Asparagus altilis (L.) Aschs. Sp. Spreeufer Ri.

Colchicum auctumnale L. Dr. Wiese am Garten des Bürgermeister
Otto 1870 M.

Juncus glaucus Ehrh. Sp. Ri. Li. Ziegelei etc. B.

J. filiformis L. S. Ilse! Ruhland: Guteborner Wiesen M.! Dobrilugk: Wiesen- und Waldgräben südl. von Friedersdorf Ilse! Herzberg: Unweit des Gräberfeldes bei Kl.-Ressen; Falkenberg Urban! Tr.! Kb. Ehemal. Mühl-Teich bei Gallinchen!! Wilmersdorf S.!! V. Brante-Mühle!!

J. squarrosus L. S. Bei der Kohlengrube!! G. Wiesenrand neben dem Quellgraben; Wehlen-Teich bei Bockwitz Ja. Finsterwalde: Betten und von dort bis Koselenzin Ilse. Herzberg: Gräberfeld bei Kl.-Ressen Urban! Kb. Lakoma!! Dr. Zw. Kausche und Prožim!! Zw. Auras und Gr.-Döbern!! L. Bei den Bornsdorfer Teichen Ruhmer!! Zw. Lb. und Alt-Zauche Potonié!

J. tenuis Willd. K. Damm zw. der Chaussee und der Pieskowatsch-Mühle einige Stöcke Arth. Schultz! Vgl. Sitzber. 1877 S. 29.

J. compressus Jacq. L. Schollen Bo.! Li. B.

J. Tenagea Ehrh. Kb. Lakoma an einem kleinen Teiche S.!!

J. capitatus Weigel. Sw. Aecker bei Brenitz!! Stock-Teich!!

J. supinus Mnch. G. Sumpf im Bauernholz neben dem Quellgraben; am Grossen See Ja.! Finsterwalde: Betten Ilse. Sw. Stock-Teich!! Sp. Ri. Kb. Lakoma!! Dr. Rohr-Teich bei Gr.-Döbern!! A. Penkan-Teich!! V. Reptener-Teiche!! K. Moor am Fusse der Freiberge, westl. von Ogrosen!! L. Bornsdorfer Teiche!! Sand-Teich!! Li. Mochlitzer Laug B.

c) *fluitans* Lmk. (als Art.) G. Quell nördl. am Nauendorfer See Ja. Li. B.

J. alpinus Vill. Sp. Ri. Li. Mochlitzer Laug B.

J. silvaticus Reichard. Herzberg: Bei Falkenberg 1 m hoch Urban! Sp. Ri. Li. B.

Luzula pilosa (L. ex p.) Willd. G. Wildpret-Wies'chen Ja.! L. Gahro'er Buchheide!! Lb. Pfuhl!! Li. Stockshof: Bürgerheide B.

† *L. nemorosa* (Poll. ex p.) E.Mey. L. Park von Fürstl. Drehna auf Grasplätzen eingeschleppt!!

L. sudetica (Willd.) Presl. a) *pallescens* (Wahlenb.) Bess. (als Art). Zw. Finsterwalde und Grünhaus Ja.! Sp. Stadtforst an der Grenze gegen Zerre Ri.! Lb. Hinter dem Vorwerk 1855 Fick! Wohl weiter verbreitet.

Cyperus flavescens L. Sp. Sandbänke am Spree-Ufer Ri. Kb. Lakoma S.!! Dr. Rohr-Teich bei Gr.-Döbern Magnus!! L. Langengrassau Hütung am Fusse der Höllenberge Bo.! Bornsdorfer Grosse Teich!! Li. Meierei B.

C. fuscus L. Sp. Sandbänke am Spree-Ufer Ri. Peitz: Teufels-Teich!! Dr. Rohr-Teich bei Gr.-Döbern Tr.!! A. Muckwarer Teiche Kurtz! V. Reptener Teiche!! L. Sumpf an der Eisenbahn südl. von Pickel!! Grosse Teich bei Bornsdorf!! Li. Grosse Behlower Teich B.

Rhynchospora alba (L.) Vahl ex p. S. Zw. Gr.-Koschen und Hosena M. G. An allen Seen und Teichen häufig Ja. Sw. Lehmanns

Teich bei Kl.-Krausnigk!! Sp. Trattendorf Ri. Kb. Sergen M.
A. Zw. Rettchensdorf und Bronkow; Ranzow; Ogrosen am Schaf-
Teich H. L. Lochmühle bei Hohen-Bucko Matthias. Am Sand-
Teich Ruhmer!! Li. Teufels-Laug; Meierei; Mochlitzer Laug B.!
Dahmesche Wiesen Groenland!

R. fusca (L.) R. et S. Ruhland: Moor bei Elsterau häufig D. G. An
allen Teichen und Seen häufig Ja. Sw. (Brenitz R.) Lehmanns
Teich!! Sp. (R.) Trattendorf Ri. Kb. Sergen M. Dr. Moor bei
Bahnsdorf a. d. Eisenbahn D.; zw. Kausche und Prožim!! A. Og-
rosen am Schaf-Teich häufig H. L. Lochmühle bei Hohen-Bucko
Matthias. An der Nordseite des Sand-Teichs Ruhmer!! Li.
Meierei B.!

Scirpus multicaulis Sm. Finsterwalde: Schneidemühl- und Mahlenz-
Teich bei Nehesdorfer Pechhütte 1878 Arth. Schultz!

S. ovatus Rth. Kb. Lakoma!!

      b) *Heuseri* Uechtr. (Vgl. Verhandl. 1876 S. XXX.) V. Rep-
tener Teiche!! L. Bornsdorfer Gr. Teich!!

S. pauciflorus Lightf. Dr. Gr.-Döbern!! V. Koswiger Teiche!! Li.
Am Busch; Ziegelei; Behlow B.!

S. acicularis L. Kb. Lakoma!! Dr. Rohr-Teich bei Gr.-Döbern!! L.
Bornsdorfer Teiche!!

S. setaceus L. Kb. Lakoma!! Dr. Rohr-Teich bei Gr.-Döbern!! V.
Reptener Teiche!! L. Sumpf an der Eisenbahn-südl. von Pickel!!
Grosse Teich bei Bornsdorf!! Li. Am Brunnen vor Schulzens B.

S. Tabernaemontani Gmel. Li. Blasdorf; Teiche bei Jamlitz B.!

S. maritimus L. Kb. Katlow M. L. Kahnsdorf, Graben der ehemal.
Viehweide; Bornsdorfer Grosse Teich (R.)!!

S. silvaticus L. Lübbenau: Schlossgarten Tr. Lb. An der Spree unterhalb der Stadt!! Li. Wiese am Eichgarten; vor Schulzens! bei
Mischkes Berg etc. B.

S. compressus (L.) Pers. Dr. Leuthener Wiesen!! L. Pademagk!! Li.
Bei Schulzens B.

Eriophorum vaginatum L. G. Wasserlöcher nördl. am kleinen See;
im Plessa'er Busch im Frühjahr als Viehfutter gesammelt Ja.
Sp. Ri. L. Waldsümpfe südl. vom Sand-Teich!!

Carex dioeca L. Sp. Trattendorf selten Ri. Dr. Leuthener Wiesen M.!!
Li. Gustelsberg im Stockshof; Meierei; Fasanerie B.!

C. pulicaris L. Finsterwalde: Wiesen vor dem Walde bei Betten
Ilse! Dr. Zw. dem Behn-Teich und Gr.-Döbern!!

Carex cyperoides L. Ruhland: Sorge-Teich bei Guteborn M.! Sp. In
einem Ausstich bei Kantdorf Ri. Kb. Lakoma an einem kleinen
Teiche S.!! Peitz: Am Teufelsteich, Nordostseite L. A. Muckwarer Teiche Kurtz! V. Reptener Teiche!! L. Bornsdorfer Gr.
Teich (R.)!! Erlenbruch westl. von Beesdau E. Krause!!

C. *arenaria* L. S. Prožim!! Gemein, bes. am sandigen Spree-Ufer Ri. Kb. Burg!! Li. Gemein B.

C. *ligerica* Gay. Li. Bürgerheide B.!

C. *praecox* Schreb. Sp. Sandiges Spree-Ufer Ri. Nach R. „durch die ganze Nieder-Lausitz häufig"; eine jedenfalls zu umfassende Angabe, da ich sie nirgends im Gebiet antraf und auch ausser obiger keine specielle Fundorts-Angabe erhielt.

C. *brizoides* L. Sp. Bei Byhlow und im Slamener Busch am Erlenstubben Ri.! Li. Eichgarten B.!

C. *vulpina* L. Sp. Spreewiesen Ri. L. An der Beke zw. der Golssener Chaussee und Zöllmersdorf Bo.!

C. *muricata* L. L. Torfstiche Bo.! Drehna'er Weinberg!! Li. häufig, z. B. Alte Schloss B.

C. *virens* Lmk. L. Rasenplätze des Drehna'er Parks einzeln, jedenfalls mit Grassamen eingeschleppt!!

C. *paradoxa* Willd. L. Torfstiche gegen Wittmannsdorf (R.) Bo.! Li. Stockshof B.!

C. *panniculata* L. L. Torfstiche gegen Wittmannsdorf hin Bo.! Li. Kleine Behlower Teich B.

C. *diandra* Schrk. Dobrilugk: Am Hammer-Teich Arth. Schultz!! Sp. Teichränder bei Trattendorf Ri.! Li. Stockshof; Alte Schloss B.

C. *leporina* L. G. Bei Wendeboms Denkmal Ja. Finsterwalde: Betten Ilse. Sp. Ri. Dr. Leuthener Wiesen!! L. Wittmannsdorf im Mittelbusch Bo.! Li. häufig, z. B. am weissen Berg B.

  b) *argyroglochin* Horn. (als Art.) Sp. Ri. V. Brante-Mühle Tr.

C. *echinata* Murr. G. Im Jamen; Alte Höfe Ja. Finsterwalde und von dort bis Koselenzin Ilse. Sp. Ri. Dr. Zw. Kausche und Prožim!! Zw. Auras und Gr.-Döbern!! K. Moor am Fusse der Freiberge westl. von Ogrosen!! Li. z. B. Stockshof B.

C. *elongata* L. Finsterwalde: Betten und von da bis Koselenzin Ilse. Dr. Teufelsgraben bei Gr.-Döbern!! L. Graben am Drehna'er Park Bo.!! Lb. Pfuhl!! Li. Stockshof B.

C. *canescens* L. G. Alte Höfe in der Grünhäuser Forst Ja. Herzberg: Unweit des Gräberfeldes bei Kl.-Ressen Urban! Sp. Spree-Ufer Ri. Dr. Gr.-Döbern' am Teufelsgraben!! L. Zw. Gosmar und Beesdau Bo.! Li. z. B. Fleischerlaug B.

C. *remota* L. Sp. Dr. Leuthener Wiesen Koppenz! Steinitz!! L. Sumpf an der Eisenbahn südl. von Pickel!! Ukro'er Busch; Langengrassau am Fusse der Höllenberge Bo.! Lb. Gr. Hain!! Pfuhl!! Li. Z. B. Byhle, Stockshof B.

C. *stricta* Good. K. Teich bei Gr.-Mehssow!! L. Torfstiche Bo.! Lb. Pfuhl!! Li. z. B. Kotbuser Laug B.

C. *caespitosa* L. Herzberg: Unweit des Gräberfeldes bei Kl.-Ressen

Urban! A. Lehmannsche Wiese!! V. Koswiger Teiche!! Li. Gustelsberg im Stockshof; Alte Schloss B.!

C. Goodenoughii Gay. f) *melaena* Wimm. (als Art). Sp. Teichränder bei Buckow Ri.! Dr. Hinter Golschow!!

  b) *juncella* Fr. 2. *chlorostachya* Rchb. L. Torfstiche Bo.!

C. Buxbaumii Wahlenb. Sp. Teichränder bei Buckow Ri.! Spreewald zw. Lübbenau und Alt-Zauche Potonié!

C. pilulifera L. S. Prožim!! Finsterwalde: Betten und von da bis Koselenzin Ilse. Sw. Forst östl. von Lehmanns Teich!! Herzberg: Unweit des Gräberfeldes bei Kl.-Ressen Urban! Dr. Leuthener Wiesen!! Gr.-Döbern!! L. Babbener Steinbrüche!! Li. Meilerberg B.

C. montana L. L. Drehna'er Weinberg 1864!! neuerdings vergeblich gesucht. Die Angabe von R. „fast überall" findet in den vorliegenden Nachrichten keine Bestätigung.

C. ericetorum Poll. Dr. Pflanzenberg bei Schorbus!! Zw. Kausche und Prožim!! Zw. Löschen und Auras!! L. Besonders auf dem Höhenzuge, z. B. Höllenberge!! Struve-Berg bei Waltersdorf!! Weissagker Kalkgruben!! Wald bei den Babbener Steinbrüchen!! Li. häufig B.

C. verna Vill. L. z. B. Schanze!! Höllenberge!! Li. B.

C. limosa L. Li. Meierei; Fasanerie B.!

C. flacca Schreb. Dr. Gr.-Döbern!! L. Zw. Gosmar u. Beesdau!! Drehna'er Weinberg!! Li. Nach der Fasanerie hin; Hollbrunner Ecke B.

  b) *erythrostachys* Hoppe (als Art). Sp. Roitzer Feldmark unter Kiefern nach dem Dorfe hin Ri.!

C. pallescens L. G. In Jamen Grönland. Dr. Gr.-Döbern!! Lb. Pfuhl!! Li. Stockshof; Meilerberg B.

C. pendula Huds. Seit R. und Ruthe im Spreewalde noch nicht wieder gefunden.

C. digitata L. A. Rettchensdorfer Busch!! K. Gr.-Mehssow im Tannenbusch E. Krause!! L. Gahro'er Buchheide (R.) E. Krause!! Lb. Pfuhl!! Li. Stockshof; Alte Schloss; Fasanerie B.!

C. distans L. Dr. Leuthener Wiesen!! Gr.-Döbern!! L. Wiesen nördl. der Stadt Bo.! Lb. Hartmannsdorfer Wiesen an der Spree!! Li. Bei Münchhofe B.

C. flava L. G. Jamen Ja.! Dr. Leuthener Wiesen Koppenz! Li. B.

  b) *Oederi* Ehrh. (als Art). G. Im Jamen Ja. Sp. Ri. Kb. Lakoma!! Dr. An den Teichen bei Gr.-Döbern!! V. Koswiger Teiche Tr. L. Bornsdorf an den Teichen!! Vor Beesdau!! Li. Mochlitzer Laug B.

C. silvatica Huds. Li. Alte Schloss B.!

C. Pseudocyperus L. Dr. Gr.-Döbern!! L. Beesdau Bo.! Li. z. B. Teiche bei Jamlitz B.

C. rostrata With. G. Am Grossen See Ja. L. Torfstiche Bo! Li. z. B. Weidendamm B.

    b) *latifolia* Aschs. L. Torfstiche Bo.!

C. vesicaria L. em. G. Am Grossen See Ja. Sp. Teichränder Ri. Ober-Spreewald Hagedorn-Götz. L. Gräben nördl. der Stadt; Torfstiche Bo.! Pademagk!!

C. acutiformis Ehrh. V. Brante-Mühle Tr.

    b) *Kochiana* DC. (als Art). Spreewald zw. Lübbenau und Alt-Zauche Potonié!

C. filiformis L. G. Am Grossen und Naundorfer See Ja.! L. (R.) Torfstiche bei Wittmannsdorf Bo.! Li. Teufels- und Kotbuser Laug B.!

Oryza clandestina (Web.) A.Br. Kb. Mühl-Teich bei Gallinchen!! Peitz!! V. Reptener Teiche!! L. An einem Teiche bei Bornsdorf (R.)!! Li. Häufig, z. B. Dietrichs- und Weidendamm, Lederhose, Jamlitz B.!

Panicum verticillatum L. L. Promenadenweg am rechten Ufer des Fresdorfer Fliesses Bo.! Dahme: Schlossgarten Groenland!

P. glaucum L. S. Am Fusse des Koschenberges!! G. Ja. Sw. Brenitz!! Dobrilugk!! Kb. Gallinchen!! Zw. Gr.-Osnik und Kl.-Döbern!! Li. B.

Milium effusum L. Sp. Spree-Ufer Ri. Lb. Pfuhl!! Li. Stockshof; Fasanerie B.!

Nardus stricta L. S. Prožim!! Herzberg Tr.! Sp. Gemein Ri. Dr. Gr.-Döbern!! L. z. B. Ukro!! Bornsdorf!! Zw. Drehna und Pademagk!! Zw. Lb. und Alt-Zauche viel Potonié. Li. z. B. Mochlitzer Laug; Byhle; Meilerberg B.

Phleum Boehmeri Wib. Sp. Ri. Li. Eichberg; Stockshof B.

Alopecurus geniculatus L. G. Ja. Sp. Ri. Li. Hinterm Graben B.

A. fulvus Sm. Herzberg Tr.! Sp. Ri. Kb. Lakoma!! A. Penkan-Teich Dumas! Lübbenau: Lehde!! L. Bornsdorfer Grosse Teich!! Li. Hinterm Graben; Bürgerheide; Stockshof B.

Agrostis alba L. c) *prorepens* G.Mey. Li. Strasse nach Kotbus; am Schwielochsee bei Pieskow B.!

Calamagrostis lanceolata Rth. Sp. Ri. Li. Behlower Heide B.

C. epigea (L.) Rth. G. Ja.! Herzberg Tr.! Sp. Ri. Kb. Vor Lakoma!! Li. Meilerberg B.

Holcus mollis L. S. Senftenberger Weinberge Tr.! Kb. Gallinchen S.!! A. Muckwar!! L. Ukro an der Strasse nach Schlieben an Ackerrainen jenseit des *Moenchia*-Standortes Bo. und Groenland! Lb. Pfuhl!! Li. Stockshof; Behlower Heide B.!

Avena elatior L. Sp. Durch Cultur verbreitet mit d) *tuberosa* Gil. (als Art). (R.) Ri.!

A. pubescens L.   Kb.¶Branitzer Park!!   Dr. Leuthener Wiesen!!   L.
Drehna'er Park und Weinberg!!   Li. z. B. Weg zu Schulzens B.

Trisetum flavescens (L.) P.B.   Sp. Wiese des Dr. Schichold Ri.   Li.
Kirchhof; Primariats-Wiese B.!

Aera caryophyllea L.   L. Ukro!!

A. praecox L.   G. Ja.!   Sp. Ri.   V. Missen nach den Freibergen hin!!
L. Ukro mit *Aivenchia* sehr viel!!   Li. Eichgarten; Buchsfichten B.

A. flexuosa L.   Sw. Zw. Brenitz und dem Lug-Teich!!   Herzberg Tr.!
Sp. Kiefernwälder stellenweise Ri.   Li. Eichgarten; Bürgerheide B.

Sieglingia decumbens (L.) Bernh.   G. Ja.!   Sp. (R.) Kuten Ri.   Li.
Eichgarten; Hollbrunner Ecke B.

Arundo Phragmites L.   Mit dem Bandgrase ähnlich weiss gestreiften
Blättern.   Li. Eingang zum Stockshof B.

Molinia coerulea (L.) Mnch.   S. Wiesen hinter Buchwalde!!   G. Ja.
Sw.¶Wälder bei den Teichen bei Kl.-Krausnigk!!   Sp. Wälder
häufig Ri.   Kb. Vor dem Chausseehause bei Lakoma!!   Dr. Rohr-
Teich bei Gr.-Döbern!!   Li. z. B. Behlower Heide B.

Melica nutans L.   S. Senftenberger Weinberge Tr.   Sp. (Ri.) Kahler
Berg Ri.!   Kb. Neue Mühle M.!   Li. Alte Schloss B.

Koeleria glauca (Schk.) DC.   Dr. Zw. Löschen und Auras!!

Poa annua L.   b) *aquatica* Aschs.   A. Sumpf hinter dem Pfarrgarten
R. Holla! (in Verhandl. III. IV. S. 86 irrig als *Glyceria aquatica*
Presl aufgeführt).

P. bulbosa L. f. *crispa* Thuill.   Dr. Löschen M!!   Li. Eichgarten;
Weinberg B.

P. palustris L.   Sp. Ri.   Dr. Laubst-Teich!!   Li. Tränkdamm B.

† *P. Chaixi* Vill.   L. Grasplätze des Parks von Drehna, bestandbil-
dend!!   Vgl. Verhandl. 1879 S. X.

Glyceria fluitans (L.) R.Br. f. *vivipara* Bolle.   Spreewald zw. Lübbenau
u. Alt-Zauche ein Exemplar Potonié!

G. aquatica (L.) Wahlbg.   Kb. Burg v. Schulenburg!   Lübbenau:
Lehde!!   Von den Spreewald-Bewohnern als Futtergras ebenso
geschätzt, als die giftige Wirkung des häufig dies Gras bewoh-
nenden Brandpilzes *Ustilago longissima* (Sowerby) Tulasne bekannt
und gefürchtet ist.   Dr. Schlossgarten M.

Festuca gigantea (L.) Vill.   Sp. Kuten Ri.   Li. Stockshof; Alte Schloss B.

F. heterophylla Lmk.   G. Ja.   Dr. Pflanzenberg bei Schorbus!!

F. Pseudomyurus Soy.-Will.   L. Ukro (R.) an der Strasse nach
Schlieben zahlreich!!

F. sciuroides Rth.   L. Ukro beim Bahnhofe und von dort an Acker- und
Wegrändern längs der Strasse nach Schlieben verbreitet!!

Bromus asper Murr. b) *serotinus* Beneken (als Art).   Li. Alte
Schloss B.!

Bromus racemosus L.   Dr. Leuthener Wiesen!!   Li. Hinter dem Alten

Schloss B.! (nicht Schlossgarten, wie in der Flora von Brand. I. S. 865 steht).

Brachypodium pinnatum (L.) P.B.   S. Senftenberger Weinberge!! Sp. Kahles Berg Ri.! L. Drebna'er Weinberg!! Li. Gustelsberg B.

Triticum repens L. b) *caesium* Presl (als Art). L. Drehna'er Weinberg!! Li. Am Schiesshaus B.!

† *Lolium multiflorum* Lmk. Li. Hintere Lederhose unter Klee B.

Pinus silvestris L. mit rothen Staubbeuteln. *(P. silvestris* b) *rubra* auct., Aschs. Fl. d. Prov. Brandenb. l. S. 880, nicht *P. rubra* Mill.) L. Wald bei den Höllenbergen; bei Bergen **Magnus**! Vgl. Verhandl. 1879 S. IV.

* *P. Strobus* L. G. Angepflanzt Ja. Li. Stockshof B.

* *Larix decidua* Mill. G. Beim Wildpret-Wies'chen und bei der Welk-Mühle Ja. Li. Stockshof B.

Picea excelsa (Lmk.) Lk. G. Häufiger Waldbaum Ja. K. Bildet zu einem grossen Theile den Tannenbusch bei Gr.-Mehssow, worauf ich von Herrn Förster **Rössler** in Gahro'er Pechhütte aufmerksam gemacht wurde!! Vgl. Monatsschrift des Vereins zur Beförd. des Gartenbaues u. s. w. 1879 S. 253. Auch der Tannenbusch bei Kasel (zw. Dr. und A.) wird nach Mittheilung des Herrn H. hauptsächlich von dieser Art gebildet.

Abies alba Mill. G. Welke Ja.

Juniperus communis L. S. Koschenberg!! G. Trift Ja. Dr. Leuthener Wiesen!! Golschow!! Steinitzer Berge!! Gr.-Döbern!! Li. Mausoleum; Bürgerheide; Behlower Heide etc. B.

Pilularia globulifera L. Ruhland: Gräben bei Elsterau D. Sp. Jessener Teich 1878 Ri.

Lycopodium Selago L. L. Gahro'er Buchheide E. **Krause**!! Li. Am Teufels-, Kotbuser und Fleischer-Laug B.!

L. annotinum L. S. Glashütte Heidemühl bei Gosda M. L. Am Fusse der Höllenberge bei Langengrassau (R.) Bo.! **Matz**!! Gahro'er Buchheide E. **Krause**!! Li. Am Radusch- und Schwan-See B.!

L. clavatum L. G. Koyne Ja. Sp. Nicht häufig Ri. Kb. Lakoma!! Dr. Leuthener Trift!! Steinitzer Berge!! Rohr-Teich bei Gr.-Döbern!! L. Rochauer Heide **Matthias**. Li. Häufig z. B. Kotbuser Laug; bei Kl.-Liebitz etc. B.

L. inundatum L. Sp. (R.) Kuten Ri. Dr. Zw. Kausche und Prožim M.!! Behn-Teich bei Gr.-Döbern L.!! A. Buchwäldchener Teiche **Kurtz**!

L. complanatum L. a) *anceps* Wallr. (als Art). L. Rochauer Heide **Matthias**. Drehna'er Weinberg 1864!! neuerdings vergeblich gesucht. Li. Kl.-Liebitz; Pulver-Teich; Burghof; Radusch-Berge B.!

b) *Chamaecyparissus* A.Br. (als Art). Li. Bürgerheide B.!

Equisetum arvense L. c) *nemorosum* A.Br.　Dr. Schorbus!!　Lb. Pfuhl!!

E. pratense Ehrh.　Li. Stockshof; Fasanerie B.!

E. silvaticum L.　G. Am Wildpret-Wies'chen Ja.　Sp. Weskow Ri. Li. Stocksbof; Münchhofe; Behlower Heide B.!

E. Heleocharis Ehrh. b) *fluviatile* L. *2. leptocladum* monstr. *polystachyum.* Li. Stockshof B.

Ophioglossum vulgatum L.　Sp. Auf einer Wiese unweit der Stadt Ri. Kb. Papitz Dobring.　Dr. Gross-Döbern M.!! Straupitz: Gr.-Dutzend-See Lucas.　Lb. (R.) Steinkirchener Wiesen Klieschan; Freiwalde (R.)!!　Li. Stockshof; Gustelsberg; im Busch B.!

Botrychium Lunaria (L.) Sw.　Sp. Spree-Ufer Ri.　Dr. Gr.-Döbern M.!! Li. Hollbrunner Ecke; am Kleinen Behlower Teich B.!

B. rutaceum Willd.　Chausseegraben vor Hohen-Buckow Matthias. Li. Hollbrunner Ecke; am Kleinen Behlower Teich B.!

Osmunda regalis L.　G. Am Quell- und See-Graben Ja.　Schleben: Naundorf Matthias.　K. M. L. Rochauer Heide beim Neuen Forsthaus Matthias.

Polypodium vulgare L.　Sp. Ober-Teschnitz selten Ri.　Kb. Sergen M. L. Hohlweg bei Gahro Bo.!!　Li. Byhle; Meierei; am Splau; Kirchhof B.

Pteris aquilina L. b) *lanuginosa* Hook.　Ruhland: Guteborn M.　Herzberg Tr.!

Blechnum Spicant (L.) With.　S. Glashütte Heidemühl bei Gosda M.! G. Am Quellgraben und an den Gräben-Teichen Ja.　Sw. Wald östlich vom Lehmanns Teich Dumas!!　Sp. Am Teschnitz-Berge zw. der Teschnitz- und der Hartungschen Mühle; Kuten Ri.; gräuliche Gruben O. Schmidt 1862.　Kromlauer Park Gürke.　L. Am Fusse der Höllenberge bei Langengrassau (R.) Matz!!　Rochauer Heide nördlich der Schliebener Chaussee jenseit des Neuen Forsthauses Matthias.

Asplenum Trichomanes L.　Kb. Sergen M.　Dr. Weinbergsmauer in Geisendorf M.!　Li. Zw. Splau und Schwan-See B.

A. septentrionale (L.) Hoffm.　Dr. Weinbergsmauer in Geisendorf M.!

A. Ruta muraria L.　L. Kirehhofsmauer in Langengrassau Matthias Li. Stadtkirche B.!

A. Filix femina (L.) Bernh. G. Häufig Ja.　Sp. Ri.　Li. B.

Phegopteris Dryopteris (L.) Fée.　Dr. Geisendorfer Weinberg M.　Li. (R.) Meierei; Splau; Byhle B.!

P. polypodioides Fée.　Kb. Sergen M.　L. Erlenbruch am Fusse der Höllenberge bei Langengrassau!!

Aspidium Thelypteris (L.) Sw.　G. An den Seen häufig Ja.　V. Koswiger!! und Reptener Teiche Tr.　L. Am Fusse der Höllenberge

Bo.!! Lb. Unter-Spreewald!! Li. Sehr häufig z. B Stockshof; Byhle etc. B.

A. montanum (Vogler) Aschs. L. Rochauer Heide beim Neuen Forsthause und jenseit desselben nördlich der Chaussee Matthias.

A. Filix mas (L). Sw. S. Am Fusse der Weinberge Tr.! G. Häufig Ja. Sp. Selten Ri. Li. Stockshof B.

A. cristatum (L.) Sw. G. Waldsümpfe am Quellgraben Ja.!

A. spinulosum (Retz. em.) Sw. b) *dilatatum* (Hoffm.) Sm. (als Art). G. Koyne Ja.

A. Lonchitis (L.) Sw. Dr. Weinbergsmauer in Geisendorf D.! Ob noch vorhanden und ob dieser, sonst nur Hochgebirgsgegenden eigne Farn dort als einheimisch zu betrachten ist, bleibt fernerer Feststellung vorbehalten. Allerdings könnte das Auftreten an zwei sehr weit von einander entlegenen Fundorten in der Provinz (abgesehen von Eberswalde, vgl. Sitzungsber. 1877 S. 145) für die Bejahung dieser Frage sprechen.

Cystopteris Filix fragilis (L.) Bernh. Li. Byhle B.!

———